ARQUITECTOS INVISIBLES
de la relación México-Estados Unidos

Diálogo con los embajadores mexicanos en
Washington, sobre sus redes de poder (1970-2000)

Rafael Laveaga Rendón

Jorge Pinto Books, Inc.

ISBN: 978-1-7364215-8-1

Portada: mural de Roberto Cueva Del Rio en el Instituto Cultural Mexicano
de Washington, D.C.
Fotografía: Sergio Ochoa

A Elena

Índice

3.- Misión
4.- Nivel de interlocución en Estados Unidos
5.-Nivel de interlocución en México

Nota del Editor.

Por general, las relaciones diplomáticas entre países vecinos suelen ser complejas y, en ocasiones, conflictivas, lo que impone serios retos para los representantes diplomáticos. Tratándose de la relación México-Estados Unidos, las diferencias históricas entre las dos naciones hacen que el trabajo y la misión de nuestros embajadores en Washington enfrenten serios desafíos, dependiendo de la coyuntura política y económica.

El trabajo de investigación realizado por el diplomático mexicano Rafael Laveaga/* que a continuación se presenta, está organizado por épocas, desafíos y nombres, lo que permite al lector conocer de manera sistemática las biografías y experiencias profesionales de nuestros embajadores, así como la problemática bilateral que enfrentaron durante sus mandatos. Entre los conflictos y acuerdos que se registran, destacan el problema del narcotráfico, la migración, las crisis financieras y los acuerdos comerciales.

Al inicio del estudio se incluye un útil cuadro en el que de manera sistemática y consistente aparecen, junto con los embajadores el periodo en que encabezaron nuestra Misión diplomática en Washington, así como el nombre de los presidentes de México y Estados Unidos, los respectivos cancilleres y los desafíos que definían la relación bilateral de esa época.

Laveaga, en su introducción, explica la razón del título de su trabajo cuando señala, y cito: Si la relación bilateral fuera un edificio, el embajador sería su arquitecto. Al mismo tiempo que reconoce la abundante bibliografía disponible sobre la relación bilateral, considera que son escasas las publicaciones existentes sobre la figura del embajador.

El libro cubre un periodo de treinta años, y se inicia con el apartado dedicado al embajador Emilio O. Rabasa y termina con el embajador Jesús Reyes Heroles. Incluye a nueve distinguidos representantes, con distintos perfiles profesionales, aunque predominan las finanzas (ocho de nueve proceden del sector bancario o financiero.

Como el subtítulo lo indica, el método utilizado es el de la entrevista directa con los embajadores, lo que implica una visión personalizada de los retos y las circunstancias que predominaron durante la gestión de cada uno de los representantes. Solo faltaron los testimonios directos de Hugo B. Margain y Gustavo Petricioli, quienes habían fallecido. Por ello Laveaga realiza la consulta con los embajadores alternos en esos periodos, Salvador Campos Icardo y Walter Astié Burgos, respectivamente.

El capítulo de Conclusiones está dividido en cinco apartados para entender, por conducto de nuestros embajadores, aspectos relevantes de la relación de nuestro país con su poderoso vecino. En la parte final, Laveaga escribe sobre la preparación y experiencia de los embajadores, las circunstancias de su designación, la misión que desempeñaron y una evaluación de los niveles de interlocución que tuvieron tanto en México como en Estados Unidos.

Como editor del libro de Rafael Laveaga, éste, en alguna medida complementa la colección de Biografías Profesionales de mi editorial, colección que está dirigida a los lectores interesados en interiorizarse en las más diversas profesiones. En este caso, la diplomacia, se da en el contexto de la muy complicada relación con nuestro vecino del Norte. Además, en lo personal, el libro resultó de gran interés para mi, ya que me condujo a recordar mis experiencias como diplomático mexicano en Estados Unidos, habiendo tenido el privilegio de conocer de manera directa a los Embajadores que forman parte de este estudio, particularmente al Embajador Jorge Espinosa de los Reyes quien me dio la oportunidad de servir como Jefe de Cancillería. Además, tuve la suerte de haber colaborado de manera directa con los embajadores Jesús Silva-Herzog y Jesús Reyes Heroles cuando fui cónsul general en Nueva York donde tuve la oportunidad de compartir responsabilidades con ellos. Tengo una deuda de amistad con el embajador Jorge Montaño con quien desde los primeros años de nuestra vida profesional nos unió el interés por las relaciones internacionales, la diplomacia y los problemas de la relación bilateral con Estados Unidos.

La fecha de publicación del *Arquitectos Invisibles* coincide con la celebración de los 200 años de las relaciones diplomáticas, México-Estados Unidos.

Jorge Pinto Mazal.

Washington DC. marzo 2023

* Se incluye la biografía del autor y diplomático.

Introducción

Hay una figura clave pero muy discreta en el manejo de las relaciones México-Estados Unidos: la de nuestros embajadores en Washington. No se debe, en modo alguno, a que su actividad sea poco intensa. Al contrario, los 365 días del año están en la primera línea de batalla y son los grandes mediadores mexicanos ante la infinita multiplicidad de actores políticos y económicos en Estados Unidos. Pero sus negociaciones, gestiones, diálogos, influencia -y hasta sus logros- están diseñados para que sea otra figura quien coseche los resultados finales: el presidente de la República, los secretarios de Estado, las asociaciones empresariales, los gobernadores, entre otros muchos.

Si la relación bilateral fuera un edificio, el embajador sería su arquitecto. Pero a los embajadores les ha tocado ser arquitectos invisibles. Ejemplo de ello es la abundante literatura que hay sobre las relaciones México-Estados Unidos, frente a las escasas publicaciones existentes sobre la figura del embajador.

Este libro -originalmente escrito en 2001, como tesina para graduarme como Maestro en Estudios Diplomáticos del Instituto Matías Romero- busca, justamente, dar visibilidad a una figura inmerecidamente opacada en la narrativa tradicional de las relaciones internacionales. Pretende, igualmente, sumergir a los lectores en los entretelones del trabajo diplomático de México en Washington durante el importante periodo 1970-2000.

Conforme se avanza en la lectura, aquí también hay una historia de poder en dos vertientes: la primera, sobre las relaciones que permitieron a los embajadores llegar a ese cargo y, la segunda, sobre las redes políticas que nuestros personajes construyeron -en ambos lados de la frontera- para desempeñarse con eficacia.

Desde las trincheras que me han tocado en Washington en tres diferentes épocas -como estudiante de posgrado, como jefe de Prensa en la Embajada y, recientemente, como cónsul de México en esta capital- he comprobado la enorme trascendencia del papel que juega el embajador mexicano en el manejo de las relaciones bilaterales: como conducto, como negociador y como constructor de consensos en los dos países.

Si estamos de acuerdo en que la relevancia de cualquier embajador estriba en su nivel de participación en la planeación y ejecución de la política exterior del Estado al que sirve,/1 es preciso admitir que el caso de los embajadores de México en Estados Unidos reviste una importancia particular, no solo porque se trata de funcionarios que ejecutan la diplomacia clásica/2, sino porque el papel de Estados Unidos a lo largo de la historia de México ha sido determinante./3

Referirse, por lo tanto, a la importancia de Estados Unidos en el pasado, presente y futuro de nuestro país, se ha convertido en lugar común y, al mismo tiempo, en un hecho innegable./4 En este contexto se ubica *nuestro* protagonista en la formulación y ejecución de la política exterior: el embajador de México en Washington, una figura política a menudo procedente de los más altos niveles gubernamentales.

El hecho de que, históricamente, las relaciones con Estados Unidos siempre hayan sido prioritarias para México, en particular a partir del siglo XIX y, especialmente, desde la intervención norteamericana de 1846-1849, ha propiciado que las personas enviadas en misiones oficiales a Washington hayan sido, por regla general, cercanas y de toda la confianza de quienes en su momento han detentado el poder ejecutivo. Incluso puede observarse que, desde la época colonial, los embajadores comisionados por la corona española a la capital norteamericana mantenían una relación directa con los virreyes de la Nueva España. Así lo demuestra la amplia y detallada correspondencia entre el representante hispano en Estados Unidos, Luis de Onís, con el virrey novohispano, particularmente sobre los siguientes temas: el tratado de límites fronterizos Adams-Onís, las ambiciones que existían en Washington sobre la provincia de Texas, y las actividades que desarrollaban en aquel país los insurgentes mexicanos./5

Los líderes del movimiento independentista, conscientes de la importancia que el país vecino podía tener para el triunfo de su causa y para las futuras relaciones exteriores de México una vez que se alcanzara la emancipación, tempranamente, se pusieron en contacto con el Gobierno de Washington, designando para tales efectos a personas de su círculo más cercano. Miguel Hidalgo comisionó a Pascasio Ortiz de Letona, a Ignacio Aldama y a Bernardo Gutiérrez de Lara: el primero se suicidó en el trayecto al ser detenido por el ejército virreinal, el segundo fue fusilado por miembros de ese, y Gutiérrez de Lara fue el único que logró su cometido, convirtiéndose así en el primer enviado mexicano que se entrevistó con un secretario de Estado norteamericano, en esos momentos, James Monroe./6 Ignacio López Rayón hizo lo propio enviando a Washington a Francisco Antonio Peredo, a Pedro Girad y a Tadeo Ortiz. Por su parte, en 1815, José María Morelos y Pavón designó a José Manuel Herrera, quien a la postre sería el primer secretario de Relaciones Exteriores de nuestra historia./7

El primer gobernante del México independiente, Agustín de Iturbide, designó al también primer diplomático mexicano en esa nación, José Manuel Zozaya Bermúdez, abogado guanajuatense de toda la confianza de Iturbide, cuya misión fue promover y solicitar "el reconocimiento de la independencia"./8

La conveniencia y necesidad de contar con alguien de probada capacidad y lealtad en Washington, se acentuó a lo largo del siglo XIX como consecuencia de la dramática inestabilidad política que se vivió. Los enviados a la capital norteamericana, explicablemente, cambiaban con gran frecuencia, al ritmo de los constantes golpes de estado y cuartelazos, pues cada nuevo gobernante, de inmediato, se aseguraba de que su interlocutor ante los estadounidenses fuera miembro de su grupo político y reemplazara rápidamente a la persona antes designada por sus adversarios. En este sentido, importantes personajes de la vida política del país, vinculados al partido liberal o al conservador -y a sus líderes-, representaron a la nación en Estados Unidos, como fue el caso de Juan Nepomuceno Almonte -hijo natural de José María Morelos-, Manuel Eduardo de Gorostiza, Joaquín María Castillo y Lanzas -que fue canciller-, Luis de la Rosa Oteiza, igualmente canciller, etcétera./9

El enviado que por primera vez logró darle una significativa estabilidad profesional a su desempeño diplomático en Washington, y que rompió el récord de permanencia y efectividad en la Legación mexicana, fue Matías Romero, quien llegó a Washington con tan solo 22 años de edad. Romero provenía del círculo más cercano al presidente Benito Juárez y fue designado por primera vez en la capital estadounidense en 1859, cuando se desempeñaba como secretario del ministro de Relaciones Exteriores, Melchor Ocampo./10 Supo buscar accesos de interlocución del más alto nivel, como lo confirman las 150 conferencias que sostuvo con el secretario de Estado./11

Durante el porfiriato, especialmente por la estrecha relación que se logró forjar con Estados Unidos, y por el papel central que en ello desempeñó el propio presidente Porfirio Díaz, las personas enviadas a Washington, invariablemente, pertenecieron al grupo de los científicos en el poder. Matías Romero, por ejemplo, volvió a desempeñarse en esa capital, alternando esa función con la de secretario de Hacienda: después de haber dedicado 40 años de su vida profesional a las relaciones mexicano-norteamericanas, le correspondió ser nombrado el primer embajador de México ante el Gobierno de la nación vecina, en 1898, al elevarse las relaciones diplomáticas al rango de embajadas.

Otros personajes vinculados al presidente Díaz que sirvieron en el país vecino, fueron Ignacio Mariscal, Manuel María de Zamacona, Enrique Creel y Francisco León de la Barra. Este último tuvo a su cargo la organización de la primera reunión presidencial de nuestra historia bilateral, celebrada entre Porfirio Díaz y William Taft, el 16 de octubre de 1909, en la Cámara de Comercio de El Paso, la primera parte, y en la aduana de Ciudad Juárez, la segunda. Posteriormente, León de la Barra recibió instrucciones de hablar con el presidente Taft sobre la reelección de Porfirio Díaz y de Ramón Corral./12

Más tarde, las serias dificultades que Francisco I. Madero enfrentó con el Gobierno estadounidense al llegar a la presidencia, en 1911, igualmente lo obligaron a recurrir a amigos próximos para tratar de solucionar los problemas bilaterales del momento, como lo demuestra el hecho de que, en diciembre de 1912, encargó a Pedro Lascuráin la misión confidencial de entrevistarse con el entonces presidente electo, Woodrow Wilson, para solicitarle el inmediato retiro de México del embajador Henry Lane Wilson./13 Madero nombró en Washington a su efímero secretario de Relaciones Exteriores, Manuel Calero, en mayo de 1912./14

La misión de Calero fue difundir una señal de estabilidad, la cual se vio interrumpida con su propia renuncia como embajador "por no estar de acuerdo con la política del Gobierno."/15 En el texto de su renuncia, Calero identificó la figura del embajador de México en Estados Unidos como "el cargo de más confianza y de mayores responsabilidades en nuestra política internacional."/16 En efecto, la historia nos confirma que el embajador de México no solo ha estado a cargo de trascendentales misiones, sino que también, como figura del sistema político mexicano, no ha dejado de suscitar antagonismos dentro de su propio Gobierno.

Durante la lucha Carranza-Huerta por el reconocimiento de Washington, mientras nuestra Embajada era dirigida por un encargado de negocios, el primer jefe del ejército constitucionalista designó "agentes confidenciales" ante los Estados Unidos. Con la ocupación norteamericana de Veracruz, en 1914, se rompieron las relaciones diplomáticas, pero para diciembre de 1915, ya retiradas las fuerzas extranjeras de nuestro territorio, y cuando los constitucionalistas controlaban el país, el presidente norteamericano, Woodrow Wilson, reconoció al Gobierno de Venustiano Carranza como un Gobierno *de facto*, desapareciendo la figura de Agencia Confidencial./17

Algunos años más tarde llegaría a Washington quien más ha durado al frente de nuestra Embajada en el siglo XX: Manuel C. Téllez, encargado de negocios *ad interim* desde noviembre de 1920. En 1921, Obregón lo acreditó formalmente. Plutarco Elías Calles lo nombró embajador de México, y Emilio Portes Gil lo ratificó. En 1930, Pascual Ortiz Rubio lo volvió a ratificar./18 Manuel Téllez enfrentó, con éxito, las reacciones conservadoras republicanas ante los cambios políticos en México. Luego de casi 11 años de trabajo en Washington, renunció para convertirse en secretario de Gobernación. Una vez más, se advierte el lugar preeminente de nuestros representantes diplomáticos en los Estados Unidos en el espectro político nacional.

Con el sucesor de Téllez en la Embajada, José Manuel Puig Casauranc, se reafirmaría el patrón en ese sentido: además de haber ocupado la cartera de Relaciones Exteriores tras su paso por Washington, Puig fue diputado federal, senador, secretario de Educación Pública, secretario de Industria, Comercio y Trabajo y jefe del Departamento Central del Distrito Federal./19 Otro diplomático mexicano que duró largo tiempo como embajador -de 1935 a 1945- fue Francisco Castillo Nájera, quien también fue canciller de México, luego de habernos representado en China, Bélgica, Holanda, Suecia y Francia./20

Al nombramiento de Castillo Nájera en Washington le seguirían los de otros destacados diplomáticos de carrera. Entre ellos, Rafael de la Colina -seis veces cónsul general en ciudades de Estados Unidos y exembajador en la ONU, Canadá, Japón y la OEA-, Manuel Tello Barraud —dos veces secretario de Relaciones Exteriores- y Antonio Carrillo Flores, exsecretario de Hacienda y de Relaciones Exteriores./21

Estos embajadores nos representaron en Washington desde fines de los años 40 hasta los años 60, un periodo de importantes definiciones en la organización del sistema internacional. Sin embargo, puede decirse que desde

1942, con la declaración de guerra a los países del Eje, México se convirtió en aliado de Estados Unidos y comenzó una época que algunos historiadores han denominado el periodo de "relación especial, 1940-1970", mismo que terminó cuando ambas naciones modificaron sus políticas internas y externas: en el caso de México, ante la crisis política y social que culminó con la represión de 1968 y, en el caso de Estados Unidos, ante la intervención armada en el sudeste asiático y el debilitamiento de la autoridad presidencial./22

En este punto, a finales de 1970, inicia el periodo comprendido en este libro, cuyo propósito es explicar los factores que han permitido –o impedido– a los embajadores de México en los Estados Unidos desarrollar una labor diplomática efectiva. Es decir, una labor de negociación a favor de los intereses del Estado mexicano y un trabajo político complementario, no en la relación bilateral *per se*, sino en sus relaciones con los principales actores de los Gobiernos, tanto de Estados Unidos como de México.

He recurrido a un género que considero especialmente útil para efectos de explicación histórica: la entrevista con los protagonistas objeto de mi estudio; es decir, con los exembajadores de México en Washington dentro del periodo 1970-2000. Dicho periodo, que va de octubre de 1970 a noviembre de 2000, obedece a dos razones principales: por un lado, son años y sexenios muy distintos entre sí, que permitirán demostrar los cambios más sustantivos en el peso político específico de la figura del embajador de México en Washington. Por otro, siete de los nueve embajadores que comprenden el referido periodo vivían aún cuando realicé el trabajo y ello hizo posible entrevistarlos personalmente. El diálogo con cada uno -fuente directa insustituible- significó un recurso de notable utilidad, ante la escasez de material bibliográfico, hemerográfico y documental sobre un tema tan específico y, a la vez, tan reciente./23

Para el caso de los dos embajadores fallecidos –Hugo B. Margáin y Gustavo Petricioli-, entrevisté a los funcionarios que fueron sus jefes de Cancillería, ambos embajadores de carrera del Servicio Exterior Mexicano, que siguieron, además, muy de cerca, la trayectoria de sus jefes. Se trata de Salvador Campos Icardo –entonces jefe de Cancillería de la Embajada, con Hugo B. Margáin- y de Walter Astié Burgos, embajador alterno de Gustavo Petricioli.

La hipótesis de este trabajo es que el desempeño del embajador de México en Washington depende, en gran medida, de la coyuntura política y del estilo personal del presidente en turno, pero debe evaluarse también con base en las siguientes variables: preparación, designación, misión, nivel de interlocución en Estados Unidos y nivel de interlocución en México. Me referiré, en particular, a cada una de estas:

1. Preparación. - El perfil académico y laboral de quienes han sido embajadores en Estados Unidos es relevante para conocer las coincidencias – en caso de que las haya- en la trayectoria profesional de los representantes diplomáticos analizados, pues con ello podría probarse la existencia de un patrón de requisitos mínimos para ocupar el cargo.

2. Designación. - Un complemento importante de la variable anterior es determinar si existe o no un criterio técnico o político específico para que el presidente de México designe a los titulares de nuestra Representación diplomática en Washington. Aunque la decisión, ciertamente, puede ser coyuntural, también puede estar guiada por criterios específicos.

3. Misión. - La historia del siglo XIX y la primera mitad del XX, da cuenta de un número importante de embajadores que recibieron un "pliego de instrucciones" con encargos muy claros por cumplir./24 En el periodo 1970-2000, habrá que indagar qué tan específicas han sido las misiones encomendadas a nuestros embajadores y qué tanto ha influido esta variable en su posición como piezas clave en el manejo de las relaciones diplomáticas con Estados Unidos.

4. Nivel de interlocución en Estados Unidos. - Para ponderar el papel contemporáneo de nuestros embajadores en Washington, es importante conocer si su nivel de diálogo frente al Gobierno estadounidense ha aumentado sustancialmente a partir del inicio de las negociaciones sobre el Tratado de Libre Comercio con América del Norte. Este trabajo deberá determinar si su nivel de interlocución es más alto y frecuente antes o después del TLC. La receptividad e interés del *establishment* de Washington hacia nuestros embajadores también puede variar según el momento político de la relación bilateral en una coyuntura determinada. Igualmente relevante resultará conocer si los embajadores han tenido necesidad de contar con un interlocutor privilegiado en Washington para el desempeño de su trabajo.

5. Nivel de interlocución en México. - Como hemos visto en el breve repaso histórico formulado anteriormente, nuestros embajadores en Estados Unidos han sido figuras preeminentes dentro del sistema político mexicano.

Por ello, vale la pena averiguar si este patrón continúa y, al mismo tiempo, determinar cómo se ha desarrollado, en los 30 años del periodo, la relación de los embajadores de México en Estados Unidos con sus dos principales interlocutores en el Gobierno mexicano: el presidente de la República y el secretario de Relaciones Exteriores. Es posible –habrá que comprobarlo- que, por la naturaleza de sus funciones, el embajador tenga una relación privilegiada con el presidente, por lo que su relación con el canciller puede presentar algunas dificultades.

El cuestionario aplicado a todos los embajadores es prácticamente el mismo e incluye las cinco variables arriba mencionadas. Sin embargo, muchas preguntas no están formuladas de la misma manera o en el mismo orden, debido al curso propio que fue tomando cada conversación y por las preferencias que cada embajador mostró para hablar más de un tema que de otro.

Finalmente, cabe señalar que una investigación cuya fuente principal son las entrevistas, entraña dos riesgos a considerar: primero, el de la subjetividad. Es decir, que un trabajo con propósitos académicos se convierta en un reportaje periodístico basado en las opiniones de los protagonistas entrevistados. Si bien la muestra estadística primordial para este análisis es un universo restringido -conformado por las opiniones de los propios embajadores- una forma que emplearé para contrarrestar, en alguna medida, los efectos de la subjetividad, es la utilización de fuentes bibliográficas, hemerográficas y documentales –ya mencionadas- así como el testimonio de funcionarios que trabajaron con los embajadores en cuestión y con los secretarios de Relaciones Exteriores de la época analizada.

Un segundo riesgo, no menos importante, es el de la dispersión, dadas las dimensiones de la agenda que México y Estados Unidos desahogaron entre 1970 y el año 2000. Si hubiera que escribir sobre los problemas en las relaciones bilaterales que enfrentaron los protagonistas de este texto, habría que redactar un trabajo interminable que caería, casi inevitablemente, en generalidades. No obstante, como he señalado, el marco de información está dado por las opiniones de los entrevistados en torno al tema específico de sus relaciones políticas en México y en Washington, por lo que los asuntos de la agenda bilateral que interesan para este trabajo solo son aquellos de naturaleza política que fueron mencionados por los embajadores, en respuesta a preguntas predeterminadas, y no otros, que pudieran ser opiniones valiosas, alternativas o complementarias, pero que no forman parte de la muestra.

De esta manera, este texto puede encontrarse en condiciones de superar el riesgo de la dispersión, aportando, al mismo tiempo, algunos elementos originales sobre un tema prácticamente inexplorado./25 Lo anterior no equivale, por supuesto, a desconocer que el desempeño de nuestros embajadores en Estados Unidos va íntimamente ligado al contexto que les tocó vivir en la relación bilateral. Por ello, para ubicar nombres y épocas, a nivel general, en el primer capítulo se incluye un perfil biográfico de los embajadores, así como un cuadro sobre los presidentes y cancilleres –tanto de México como de Estados Unidos- con quienes coincidieron en tiempo nuestros representantes diplomáticos. En el cuadro se muestra, igualmente, un sucinto resumen de los desafíos que enfrentaron nuestros protagonistas.

Los capítulos 2 al 6 incluyen los textos íntegros de las entrevistas realizadas a Emilio O. Rabasa, José Juan de Olloqui, Salvador Campos Icardo –para el periodo de Hugo B. Margáin-, Bernardo Sepúlveda y Jorge Espinosa de los Reyes. Introduzco cada una de estas entrevistas con un breve comentario, el cual pretende aportar datos históricos sobre la época correspondiente y menciono algunos detalles sobre la propia entrevista. El capítulo 7 está dedicado a explicar por qué las negociaciones del Tratado de Libre Comercio marcaron el principio de una nueva forma de ejecutar nuestra política exterior hacia los Estados Unidos y el aumento del peso específico del embajador mexicano como figura política.

Los capítulos 8 a 11 contienen el texto de los diálogos con Walter Astié – para el periodo de Gustavo Petricioli-, Jorge Montaño, Jesús Silva Herzog y Jesús Reyes Heroles, igualmente precedidos por un comentario. El capítulo 12 recoge una de las variables más importantes de este trabajo: el nivel de interlocución de los embajadores con el Gobierno de México. Abordo el tema específico de las relaciones presidente-canciller-embajador, utilizando los datos obtenidos en las entrevistas y en otras fuentes. Finalmente, presento las conclusiones, que constituyen un cruce general de datos, utilizando las cinco variables que figuran en mi hipótesis.

Capítulo 1

Perfiles y épocas

El perfil biográfico de los embajadores de México en Washington, desde 1970 hasta el año 2000 muestra coincidencias muy claras, aunque no por ello estamos en presencia de una fórmula infalible para ser embajador de México en la capital estadounidense, como se verá más adelante/26.

Emilio O. Rabasa

Embajador de octubre a noviembre de 1970

Profesión: Abogado (UNAM)

Posgrados: Doctor en Derecho (UNAM)

Edad a la que llegó a la Embajada en EUA: 45 años

Trayectoria:

-Profesor de la UNAM
-Jefe Jurídico del Banco Nacional de Crédito Ejidal
-Director general de Afianzadora Mexicana
-Director general del Banco Cinematográfico
-Embajador en Washington
-Secretario de Relaciones Exteriores
-Miembro del Grupo Mexicano de la Corte Permanente de Arbitraje de la Haya y del Comité Jurídico Interamericano de la OEA

José Juan De Olloqui

Embajador de enero de 1971 a noviembre de 1976

Profesión: Abogado (UNAM)

Posgrados: Maestría en Economía (Universidad George Washington) y Doctorado en Derecho (UNAM)

Edad a la que llegó a la Embajada en EUA: 39 años

Trayectoria:

-Profesor de la Universidad Iberoamericana y de la UNAM
-Subdirector general de Crédito, Secretaría de Hacienda y Crédito Público (SHCP)
-Director ejecutivo por México del Banco Interamericano de Desarrollo
-Presidente de la Comisión Nacional Bancaria y de Valores
-Embajador en Washington
-Subsecretario de Relaciones Exteriores
-Embajador de México en Gran Bretaña
-Director general de Banca Serfín
-Presidente de la Asociación Mexicana de Bancos
-Director general del Infonavit

Hugo B. Margáin

Embajador de enero de 1977 a marzo de 1982

Profesión: Abogado (UNAM)

Edad a la que llegó a la Embajada en EUA: 51 años en su primer período (1964-1970) y 64 en su segundo período (1977-1982)

Trayectoria:

-Profesor de El Colegio de México y de la UNAM
-Director general del Impuesto sobre Ingresos Mercantiles (SHCP)
-Director general del Impuesto sobre la Renta
-Oficial mayor de la Secretaría de Industria y Comercio
-Subsecretario de la Secretaría de Industria y Comercio
-Embajador en Washington
-Secretario de Hacienda y Crédito Público
-Embajador en Gran Bretaña
-Embajador en Washington
-Senador de la República

Bernardo Sepúlveda

Embajador de marzo a diciembre de 1982

Profesión: Abogado (UNAM)

Posgrados: Maestría en Derecho Internacional (Universidad de Cambridge, Inglaterra)

Edad a la que llegó a la Embajada en EUA: 40 años

Trayectoria:

-Profesor de El Colegio de México y de la UNAM
-Subdirector general de Asuntos Jurídicos de la Presidencia
-Director general de Asuntos Hacendarios Internacionales, SHCP
-Asesor del Secretario de Programación y Presupuesto
-Secretario de Asuntos Internacionales del CEN del PRI
-Embajador en Washington
-Secretario de Relaciones Exteriores
-Embajador en Gran Bretaña

Jorge Espinosa de los Reyes

Embajador de febrero de 1983 a diciembre de 1988

Profesión: Economista (UNAM)

Posgrados: Cursos en la Universidad de Chile y en la Universidad de Londres

Edad a la que llegó a la Embajada en EUA: 62 años

Trayectoria:

-Profesor de la UNAM, del Centro de Estudios Monetarios Latinoamericanos y del Mexico City College
-Subdirector de Inversiones Públicas de la Secretaría de la Presidencia.
-Director general de Industria de la Secretaría de Industria y Comercio.
-Oficial mayor de la Secretaría de Industria y Comercio.
-Subdirector comercial de PEMEX.
-Subdirector general del Banco de México.
-Director general de Nacional Financiera.
-Embajador en Washington.

15

Gustavo Petricioli

Embajador de enero de 1989 a enero de 1993

Profesión: Economista (ITAM)

Posgrados: Maestría en Economía (Universidad de Yale)

Edad a la que llegó a la Embajada en EUA: 60 años

Trayectoria:

-Profesor en diversas instituciones de educación superior
-Jefe de la Oficina Técnica, Banco de México
-Asesor técnico de la Dirección, Banco de México
-Director de Estudios Hacendarios, SHCP
-Subsecretario de Ingresos, SHCP
-Presidente de la Comisión Nacional Bancaria y de Valores
-Director general de Nacional Financiera
-Director general de Multibanco Comermex
-Secretario de Hacienda y Crédito Público
-Embajador en Washington
-Director general de Caminos y Puentes Federales

Jorge Montaño

Embajador de febrero de 1993 a febrero de 1995

Profesión: Abogado (UNAM) y Licenciado en Ciencias Políticas (UNAM)

Posgrados: Maestría en Política y Administración y Doctor en Sociología Política (Universidad de Londres)

Edad a la que llegó a la Embajada en EUA: 47 años

Trayectoria:

-Profesor en diversas universidades de México
-Secretario auxiliar de la Secretaría Privada, Presidencia de la República
-Miembro del Servicio Exterior Mexicano de carrera
-Director editorial de *El Trimestre Político* del Fondo de Cultura Económica
-Subdirector general del Instituto Nacional de Bellas Artes (INBA)
-Director general para Organismos Especializados, Secretaría de Relaciones Exteriores (SRE)
-Subsecretario de Asuntos Internacionales del CEN del PRI
-Director en Jefe de Asuntos Multilaterales, SRE
-Asesor del candidato del PRI a la Presidencia de la República
-Representante permanente ante la ONU
-Embajador en Washington

Jesús Silva Herzog Flores

Embajador de febrero de 1995 a octubre de 1997

Profesión: Economista (UNAM)

Posgrados: Maestría en Economía (Universidad de Yale)

Edad a la que llegó a la Embajada en EUA: 59 años

Trayectoria:

-Profesor de la UNAM y de El Colegio de México
-Jefe de la Oficina Técnica del Banco de México
-Director general de Crédito, SHCP
-Director general del Infonavit
-Gerente general del Banco de México
-Director general de Crédito Público, SHCP
-Subsecretario de Hacienda
-Secretario de Hacienda
-Director del Centro de Estudios Monetarios Latinoamericanos
-Embajador de México en España
-Secretario de Turismo
-Embajador en Washington
-Candidato del PRI al Gobierno del Distrito Federal

Jesús Reyes Heroles González Garza

Embajador de octubre de 1997 a noviembre de 2000

Profesión: Economista (ITAM)

Posgrados: Doctor en Economía (Instituto Tecnológico de Massachusetts)

Edad a la que llegó a la Embajada en EUA: 45 años

Trayectoria

-Profesor de la Universidad Iberoamericana y del ITAM
-Asesor en el Banco de México
-Director general de Planeación Hacendaria, SHCP
-Coordinador de asesores del secretario de Relaciones Exteriores
-Director de Banobras
-Secretario de Energía
-Embajador en Washington

Numeralia curricular

Del total de 9 embajadores incluidos en el estudio, pueden detectarse, para efectos estadísticos, los datos que a continuación presento. En el caso de altos cargos, se contabiliza también si los ocuparon antes o después de ser embajadores en Washington.

a) Mayor tiempo de duración en el cargo: 5 años y 10 meses

b) Menor tiempo de duración en el cargo: 2 meses

c) Promedio general de duración en el cargo: 3.2 años

d) Licenciatura en Derecho: 5

e) Licenciatura en Economía: 4

f) Licenciatura en la UNAM: 7

g) Licenciatura en el ITAM: 2

h) Embajadores de carrera: 1

i) Edad más joven al llegar: 39 años.

j) Edad más avanzada al llegar: 64 años.

k) Promedio de edad al llegar: 51.2 años

l) Embajadores que vivieron antes en EUA por estudios o trabajo: 6

m) Cuentan con posgrado en el extranjero: 7

n) Profesores a nivel universitario: 9

o) Profesores en la UNAM: 7

p) Directores de bancos: 6

q) Miembros del Gabinete: 6

r) Miembros del Gabinete antes de ser embajadores en EUA: 4

s) Embajadores en Gran Bretaña: 3

t) Directores generales del Infonavit: 2

u) Presidentes de la Comisión Nacional Bancaria y de Valores: 2

v) Cargos en el PRI o puestos de elección popular por el PRI: 4

w) Secretarios de Relaciones Exteriores: 2

x) Secretarios de Hacienda: 3

y) Altos funcionarios en Hacienda: 6

z) Altos cargos en el Banco de México: 3

¿Se necesitaba estudiar Economía en el ITAM o Derecho en la UNAM para llegar a ser embajador en Washington? ¿Había que comenzar una carrera en la Secretaría de Hacienda o en el Banco de México para recibir tan especial nombramiento? ¿Debía uno descartarse totalmente si rebasaba la edad promedio de 51 años?

Las respuestas a estas interrogantes, que encuentran su razón de ser en los perfiles arriba descritos, desde luego es no. Por el contrario, el análisis biográfico de nuestros protagonistas arroja un resultado tan plural, que la conclusión es que no hay fórmula de trayectorias para llegar a la Embajada en Washington.

El patrón más frecuente y consistente –la carrera bancaria y financiera- en principio, nos indicaría que el sector de bancos o finanzas fue la "cuna" indiscutible de un representante diplomático en Estados Unidos. Pero también se trata de un espejismo, por las siguientes dos evidencias:

1.- Para ser embajador de México en los Estados Unidos, no fue necesario ser especialista en finanzas, contrariamente a la creencia generalizada, producto de los perfiles "financieros" de quienes han ocupado nuestra Representación diplomática allá. Más aún, si los embajadores fueran solo especialistas en finanzas, su nivel de éxito sería muy bajo, pues, ante todo, se requiere de una sensibilidad política muy desarrollada en el trato con las autoridades de *ambos* países./27

2.- El hecho de que la gran mayoría de los embajadores designados entre 1970 y 2000 hayan contado con un perfil bancario-financiero, obedece a razones directamente vinculadas con los grupos de poder en México y no tanto a una necesidad objetiva o técnica para llenar esa posición.

Es cierto que el problema de la deuda externa, en el periodo de tiempo estudiado, ocupó un lugar importante en la agenda con Estados Unidos, especialmente en ciertos momentos, y era conveniente que nuestro embajador en Washington conociera de asuntos económicos./28 Pero también es verdad que Luis Echeverría, al convertir a la Secretaría de Hacienda en institución-origen del candidato presidencial con la designación de José López Portillo para sucederlo, abrió las puertas a los grupos de poder vinculados a las finanzas públicas del país para ocupar posiciones en *todo* el Gobierno federal./29

El Profesor Roderic A. Camp, reconocido por sus estudios sobre las élites del poder en nuestro país, ilustra lo anterior al hablar de los apoyos que le sirvieron a Carlos Salinas de Gortari en su carrera política. Después de mencionar que Gonzalo Martínez Corbalá fue el primer jefe de Salinas, Camp señala:

> ...Salinas buscó la ayuda de una segunda figura política cuando culminó sus estudios de licenciatura en Economía, en 1969. Ese individuo fue Hugo B. Margáin, una de las personalidades más importantes en asuntos económicos mexicanos. Margáin ayudó a Salinas para que empezara una carrera en Hacienda cuando era el titular de la Secretaría, dándole un puesto inicial como asesor de Miguel de la Madrid. Margáin ayudó a Salinas para que obtuviera una beca que le permitiera hacer su primera maestría en la Universidad de Harvard. Salinas sobrevivió a la destitución de Margáin como secretario de Hacienda, en 1973, porque De la Madrid, quien había sido designado director general de Crédito por Margáin, continuó en su puesto bajo José López Portillo, su nuevo jefe.../30

La ayuda de Margáin a Salinas a la que se refiere Camp, tiene sus orígenes en el hecho de que Margáin fue oficial mayor y subsecretario de Industria y Comercio, cuando Raúl Salinas Lozano –padre de Carlos- era el titular de esa Secretaría, en la Administración del presidente Adolfo López Mateos. Tras sacar a flote la figura de Margáin como promotor importante de Salinas, Camp menciona en su artículo, más adelante, a Gustavo Petricioli:

> La institución de posgrados que domina en el Gabinete de Salinas es, a pesar de todo, Yale. Un grupo importante de economistas mexicanos se ha graduado de esa institución, que tiene un activo grupo de exalumnos en México. Entre esos graduados está Leopoldo Solís, de la generación 1959 y mentor original de importantes miembros del grupo político de Salinas. Otras dos figuras relevantes en política económica en el Gabinete de Salinas coincidieron en Yale con Solís: Gustavo Petricioli, embajador en Estados Unidos, generación 1957, y Miguel Mancera, generación 1960 y director del Banco de México. Dos figuras clave más jóvenes son su secretario de Comercio, Jaime Serra Puche y Ernesto Zedillo Ponce de León, en Programación y Presupuesto, quienes asistieron a Yale juntos en 1978-1979./31

De esta manera, Camp logra desmenuzar el entramado de relaciones personales que convirtió al sector bancario-financiero no privado del país en una de las principales élites gobernantes de México en los últimos 30 años. La figura de Margáin, primero, y los vínculos generados por los estudios de posgrado en Yale y otras universidades de prestigio, después, hacen absolutamente creíble que, en estos 30 años, los cargos se repartieran entre profesionistas vinculados al referido sector bancario-financiero. No ha sido, por lo tanto, la pericia financiera per se lo que ha hecho embajadores a nuestro grupo analizado./32 Creo que esta aseveración queda demostrada en el curso de las entrevistas, especialmente cuando los embajadores responden a la pregunta sobre el vínculo político que les permitió llegar a Washington.

Para concluir con este primer capítulo, presento un cuadro para ubicar la época que le tocó vivir a cada uno de nuestros embajadores, así como los presidentes y cancilleres de ambos países con los que coincidieron en el tiempo.

Embajador Emilio O. Rabasa
(01.Oct.1970-30.Nov.1970)

DESAFIOS

Presidente de México	Gustavo Díaz Ordaz (1964-1970)	Retiro de tropas de Vietnam. -Invasión a Camboya. -Muerte de Nasser en Egipto.
Presidente de Estados Unidos	Richard Nixon (Ene.69-Ago.74)	-Elección de Salvador Allende, en Chile
Canciller de México	Antonio Carrillo Flores (Dic.64-Nov.70)	-Limitaciones a las importaciones de jitomate para proteger a productores-Búsqueda de acuerdo para trabajadores indocumentados. de Florida.
Secretario de Estado	William Rogers (Ene.69-Sep.73)	-Operación intercepción, un retén para detectar droga en la frontera. -Rabasa enfrentó las ultimas acciones como embajador porque solo estuvo dos meses en Washington.

Embajador José Juan de Olloqui
(21.Ene.1971-30.Nov.1976)

DESAFIOS

Presidente de México	Luis Echeverría (1970-1976)	
Presidente de Estados Unidos	Richard Nixon (Ene.69-Ago.74)	
	Gerald Ford (Ago.74-Ene.77)	
Canciller de México	Emilio O. Rabasa (Dic.70-Dic.75)	
	Alfonso García Robles (Dic.75-Nov.76)	
Secretario de Estado	William Rogers (Ene.69-Sep.73)	
	Henry Kissinger (Sep.73-Ene.77)	

-Salinidad de las aguas del río Colorado
-Delimitación de la zona económica exclusiva.
-Fundación de la -Cámara de Comercio México-Estados Unidos.
-Enfrentamiento con EUA en lo multilateral que afectó a la relación bilateral. Por ejemplo, el voto sobre el sionismo como forma de racismo enfrentó a México con la comunidad judía norteamericana. Las relaciones de México con Cuba y con países del tercer mundo se interpretaron en EUA como una tendencia hacia el socialismo.
-Carta de Derechos y Deberes Económicos de los Estados.
-Imposición estadounidense de gravámenes a las importaciones mexicanas
-Conferencia entre delegados mexicanos y estadounidenses para sentar las bases de un convenio para evitar el contrabando, el tráfico ilícito de narcóticos y para resolver las cuestiones de migración de la frontera.

| Embajador Hugo B. Margáin | DESAFIOS |
| (05.Ene.1977-28.Mzo.1982) | |

Embajador Hugo B. Margáin
(05.Ene.1977-28.Mzo.1982)

DESAFIOS

Presidente de México	José López Portillo (1976-1982)	-Crisis económica de 1976. -Devaluación y endeudamiento externo. -Anuncio de los descubrimientos petroleros en 1977. -Carter busca acercamiento. -Se establece Comisión Binacional para dar seguimiento a agenda bilateral.
Presidente de Estados Unidos	Jimmy Carter (Ene.77-Ene.81) Ronald Reagan (Ene.81-Ene.89)	-Acuerdo con empresas estadounidenses para venta de los excedentes de gas y la construcción de un gasoducto al efecto. El acuerdo fue desarticulado por el gobierno de Washington por consideraciones de precio y por un conflicto de intereses entre las compañías estadounidenses y su propio Gobierno. López Portillo nunca perdonó a Carter por este incidente y, según el profesor Robert A. Pastor, incluso se vengó rompiendo una promesa y denegando al Sha de Irán su regreso a México. El asunto de la visa del Sha fue otro de los problemas más importantes que enfrentó Margain como embajador.
Canciller de México	Santiago Roel (Dic.76-Abr.79) Jorge Castañeda (Abr.79-Nov.82)	
Secretario de Estado	Cyrus Vance (Ene.77-Abr.80) Edmund Muskie (May.80-Ene.81) Alexander Haig (Ene.81-Jul.82)	-Impacto ecológico ocasionado por el incendio-accidente del pozo petrolero Ixtoc I. -El anuncio de la no entrada de México al GATT. -Visita de López Portillo a Washington. -Extradición de Ríos Camarena. -Deuda externa. -Primera operación antidrogas llamada "Operación Cóndor"

Embajador Bernardo Sepúlveda Amor **DESAFIOS**
(29.Mzo.1982-01.Dic.82)

Presidente de México	José López Portillo (1976-1982)	-Presiones de los EUA por el apoyo de México al Gobierno de Nicaragua.
		-México 1982: severa crisis económica, posibilidad de moratoria. Necesidad de plantear a los principales acreedores la necesidad de reestructurar la deuda externa de México.
Presidente de Estados Unidos	Ronald Reagan (Ene.81-Ene.89)	
		-México había tomado la decisión de no entrar al GATT, como reacción casi inmediata muchos sectores dentro y fuera del Gobierno de los EUA buscaron la aplicación de medidas compensatorias a las importaciones mexicanas.
Canciller de México	Jorge Castañeda (Abr.79-Nov.82)	
		-Captura de un funcionario mexicano en California, presuntamente dedicado al contrabando de automóviles.
Secretario de Estado	Alexander Haig (Ene.81-Jul.82) George Shultz (Jul.82-Ene.89)	

		DESAFIOS
Presidente de México	Miguel de la Madrid (1982-1988)	-Crisis de la deuda externa, estuvimos cerca de declararnos en moratoria. -El activismo mexicano en Centroamérica que mucho incomodó al Gobierno.republicano de Ronald Reagan -La aprobación de la Ley Simpson-Rodino de Reforma y Control a la Inmigración, que despertó temores sobre la repatriación potencial de miles de trabajadores mexicanos indocumentados.
Presidente de Estados Unidos	Ronald Reagan (Ene.81-Ene.89)	
Canciller de México	Bernardo Sepúlveda (Dic.82-Nov.88)	-Tortura y asesinato en México del agente de la DEA, Enrique Camarena, en 1985, generó una reacción en cadena de severos señalamientos públicos contra México acusando a funcionarios mexicanos de estar involucrados en el narcotráfico y de que las autoridades mexicanas no hacían nada ante el aumento del fenómeno de las drogas. Acusaciones de fraude en las elecciones de 1985.
Secretario de Estado	George Shultz (Jul.82-Ene.89)	-Audiencias en 1986 para examinar la corrupción en México organizadas por el senador Jesse Helms con el objetivo de reformar los programas de asistencia norteamericanos. El embajador Espinosa de los Reyes entregó notas de protesta al Gobierno estadounidense -Ingreso de México al GATT en 1986 y apertura económica.
Desafio (cont)	-Activismo de México en Centroamérica generaba recelo en Washington.	-Escisión en el PRI a manos de la corriente democrática, EUA apoya al partido oficial mexicano, mejor opción para los intereses de EUA.

		DESAFIOS
mbajador Gustavo Petricioli (6.Ene.1989-15.Ene.93)		
'esidente de México	Carlos Salinas de Gortari (1988-1994)	-Secuestro del médico mexicano Humberto Álvarez Machain. -Condena de México a la invasión estadounidense a Panamá. -Apoyo de ambos países a la mediación de Naciones Unidas en el conflicto de El Salvador. -Lanzamiento de la iniciativa para las Américas.
'esidente de stados Unidos	George Bush (Ene.89-Ene.93) Bill Clinton (Ene.93-Ene.2001)	-Establecimiento del Grupo de Alto Nivel para la Violencia Fronteriza. -Polémico tema energético en el TLC -Deuda externa. -Consecuencias del asesinato del agente de la DEA Enrique Camarena. -Audiencias organizadas por el senador Jesse Helms. -El activismo mexicano en Centroamérica a través del Grupo Contadora.
anciller de México	Fernando Solana (Dic.88-Nov.93)	-Diferencias en política internacional. Complicada relación personal entre el secretario de Estado George Shultz y el canciller Bernardo Sepúlveda. -Anuncio de la intención de firmar un tratado de libre comercio generó oposición en Estados Unidos desde los más diversos círculos políticos. -Se crea la oficina para la negociación del TLC.
ecretario de Estado	James A. Baker (Ene.89-Ago.92) Lawrence Eagleburger (Dic.92-Ene.93)	

Embajador Jorge Montaño (01.Feb.1993-03.Feb.1995)		**DESAFIOS**
Presidente de México	Presidente de México Carlos Salinas de Gortari (1988-1994)	-Misión específica: aprobación del Tratado de Libre Comercio. -Clinton en la Casa Blanca. -Aprobación del TLC. -México condena la ley para la democracia en Cuba, "Ley Torricelli", contraponiéndose a la política norteamericana para sancionar a las subsidiarias de empresas estadounidenses que comerciaran con Cuba.
Presidente de Estados Unidos		
Canciller de México	Fernando Solana (Dic.88-Nov.93) Manuel Camacho (Nov.93-Ene.94) Manuel Tello (Ene.94-Dic.94)	-Levantamiento del EZLN en Chiapas, consecuencias de imagen, sensacionalismo de la prensa de EU. -Materia migratoria, debate y aprobación de la Propuesta 187 en California. -Operativos antiinmigrantes en la frontera -Asesinatos Colosio y Ruiz Massieu. -Proceso electoral 1994, puso a México bajo la observación del microscopio internacional. -Principio de la devastadora crisis económica de 1994.
	Warren Christopher (Ene.93-Ene.97)	
Secretario de Estado		

Embajador Jesús Silva Herzog
(08.Feb.1995-30.Oct.1997)

DESAFIOS

esidente de
éxico

Ernesto Zedillo
(1994-2000)

esidente de
tados Unidos

Bill Clinton
(Ene.93-Ene.2001)

nciller de México

José Ángel Gurría
(Dic.94-Ene. 98)

cretario de Estado

Warren Christopher
(Ene.93-Ene.97)

Madeleine Albright
(Ene.97-Ene.2001)

-La crisis financiera de diciembre de 1994, que modificó la imagen del México próspero, el rescate de la imagen de México fue su primera misión.

-Con la guerrilla de Chiapas, los asesinatos políticos y las ligas de funcionarios mexicanos con el narcotráfico, surgió una mala imagen de México en el mundo.

-Clinton anunció en enero de 1995 en el Congreso que EUA estaba comprometido a ayudar a México en esa crisis pero los legisladores no aprobaron ningún plan de ayuda y hubo críticas contra México relacionadas con lo que EUA debía exigir a México a cambio de la ayuda.

-El rescate vino de otras fuentes de financiamiento, siendo Clinton su promotor.

-En 1997 México paga a EUA el adeudo del rescate anticipadamente.

-Febrero y marzo del 97, dificultades en el proceso de certificación que año con año otorga el gobierno norteamericano a las naciones que cooperan con Estados Unidos en el combate al narcotráfico, muerte en México del narcotraficante Amado Carrillo

.-México propone en marzo 1996 creación del GCAN, Grupo de Contacto de Alto Nivel como mecanismo permanente de diálogo en materia de drogas.

-Operación Casablanca, desenlace anunciado en mayo 1998.

-Encarcelamiento del General Jesús Gutiérrez Rebollo, febrero 1997.

-Frecuentes casos de mexicanos condenados a pena de muerte, cuya situación jurídica era conocida por la Cancillería a última hora, violando la Convención de Viena, que obliga a notificar oportunamente a los consulados los arrestos de sus ciudadanos.

Embajador Jesús Silva Herzog
(08.Feb.1995-30.Oct.1997)

DESAFIOS
(Continuación)

-Mayo de 1997: ambos presidentes suscriben una declaración conjunta sobre migración para transformar la frontera común en un área de cooperación bilateral.

-Ley Helms-Burton, tema de política internacional de mayor controversia entre ambos países.

-Problema eran migración, narcotráfico, medio ambiente.

-Desequilibrio externo, elevadas tasas de interés internacionales, presiones devaluatorias originaron el colapso del sistema cambiario en México, a finales de diciembre de 1994, el tipo de cambio se disparó junto con las tasas de interés, la volatilidad de los mercados financieros también aumentó considerablemente.

-Se le encomienda hacer frente a las consecuencias de la crisis del 94, Salinas había vendido extraordinariamente al mundo la imagen de un México próspero pero la crisis de 94-95 causó un impacto severísimo en el Congreso de EUA, en su Administración y en sus medios de comunicación

-Deterioro de la imagen de México, cuyo gobierno quedó desacreditado y, por lo tanto, fue más difícil el acceso a los interlocutores.

Embajador Jesús Reyes Heroles
(30.Oct.97-30.Nov.2000)

DESAFIOS

residente de
léxico

Ernesto Zedillo
(1994-2000)

Bill Clinton
(Ene.93-Ene.2001)

residente de
stados Unidos

José Ángel Gurría
(Dic.94-Ene. 98)

anciller de México

Warren Christopher
(Ene.93-Ene.97)

ecretario de
stado

Madeleine Albright
(Ene.97-Ene.2001)

-Aumento de muertes de migrantes en la frontera producto de las reformas a la ley migratoria estadounidense de 1996, que refuerza el control de la frontera
-Problema del "vigilantismo" de rancheros del estado de Arizona
-GCAN fortalece colaboración en materia de extradiciones y aseguramiento de bienes producto del narco
-La operación Casablanca acentuó la desconfianza entre ambos países, operativo policiaco encubierto efectuado en México por EUA para desmantelar una red de lavado de dinero
-Asunto de las narcofosas, acción conjunta de la PGR y el FBI en territorio mexicano para detectar la presunta existencia de fosas comunes, acción de la que no se informó a la Embajada. Graves consecuencias de imagen para México.
-Ley estadounidense de Poderes Económicos de Emergencia que preveía la publicación de listas de narcotraficantes y empresas lavadoras de dinero
-Devolución a EU de los helicópteros y aviones que habían enviado a México para el combate al narcotráfico
-Se firman muchos tratados y acuerdos bilaterales con EUA sobre diversas materias como epidemiologia, protección consular, biodiversidad, y conservación del patrimonio cultural
-Se busca eliminar las ayudas económicas de EUA a México, por eso se devuelven los helicópteros, se declina esa ayuda. Se redujeron a cero los apoyos económicos

Capítulo 2

Emilio O. Rabasa: dos meses en Washington

Emilio O. Rabasa salió rumbo a Washington el 1° de octubre de 1970, presentó cartas credenciales al presidente Richard Nixon el 5 de noviembre, y el 1° de diciembre fue designado secretario de Relaciones Exteriores./34 Su paso como embajador de México en la capital estadounidense fue efímero: "Mejor pregúnteme sobre mi gestión como canciller, de esa me acuerdo mucho mejor", señaló Rabasa cuando se enteró del propósito de este texto. Hizo un loable esfuerzo para ubicar en tiempo los aspectos que abordamos y dejó constancia de puntos interesantes, tales como su relación con Echeverría, su amistad con Henry Kissinger y sus ideas sobre la subordinación jerárquica que el embajador de México debe mostrar hacia el secretario de Relaciones Exteriores.

Rabasa llegó como embajador a los Estados Unidos los últimos dos meses de la Administración de Díaz Ordaz y a los nueve meses de inaugurada la Administración del republicano Richard M. Nixon, cuyas prioridades de política exterior, en ese momento (1970), giraban en torno al retiro de tropas de Vietnam, a la invasión a Camboya, a la muerte de Nasser, en Egipto, y a la elección de Salvador Allende, en Chile. Washington miraba poco hacia su vecino del sur./35 El régimen de Nixon marcó el final de la "relación especial" que Estados Unidos había construido con México desde los años cuarenta.

Para cuando Rabasa llegó como embajador, Nixon ya había estado en México, en dos ocasiones/36 y había tomado diversas medidas con respecto a nuestro país, entre las que se cuentan la imposición de nuevas limitaciones a las importaciones de jitomate –protegiendo a los productores de Florida- y la "operación intercepción", un retén para detectar droga en la frontera, con magros resultados, que obstaculizó sensiblemente el flujo de tráfico terrestre y cuyo resultado final generó una crisis diplomática entre ambos países./37

Rabasa enfrentaría estas acciones más como canciller que como embajador. Sin embargo, algunas de las relaciones que estableció en su época en Washington le sirvieron para tratar con la Administración Nixon y para forjarse criterios específicos sobre las relaciones México-Estados Unidos, tal como lo reconoce en la entrevista que sigue./38

EMILIO O. RABASA

-embajador de México en Washington-

1970/39

1.- ¿Qué parte académica o laboral de su currículum le sirvió más para ejercer las funciones de embajador?

Yo había estudiado Derecho Comparado. Mi padre, el embajador Oscar Rabasa, escribió su obra ya clásica sobre *El Derecho Angloamericano*, un estudio comparativo sobre los sistemas jurídicos inglés y norteamericano.

Mi madre fue originalmente neoyorquina y, después, naturalizada mexicana. Desde siempre, he estado muy familiarizado con la mentalidad y manera de ser de los norteamericanos y con el idioma inglés.

Independientemente de mi trayectoria académica, desarrollada siempre en el ámbito jurídico, toda la carrera que yo había hecho en el sector público, hasta mi nombramiento como embajador en Washington, se había desarrollado en el área de las finanzas públicas. Fui director general de la Afianzadora Mexicana y del Banco Nacional Cinematográfico. Mi nombramiento se debió en buena parte a que quisieron darle un perfil más financiero a quien ocupara nuestra embajada en los Estados Unidos.

Cuando el presidente Gustavo Díaz Ordaz -a sugerencia de Luis Echeverría- me nombró embajador, durante los últimos meses de su administración, la revista *Siempre!* publicó, en su página editorial, que yo iba a ser "Una sardina entre tiburones". Ya como presidente electo, Luis Echeverría fue a Washington a ver a Richard Nixon, quien le organizó una comida con su esposa, el secretario de Estado William Rogers y el consejero de Seguridad Nacional, Henry Kissinger. Por cierto, a partir de esa visita presidencial, inicié y mantuve una excelente relación con Kissinger, que me serviría mucho posteriormente, como canciller, en la solución de problemas como, entre otros, la salinidad de las aguas del río Colorado y la delimitación de la zona económica exclusiva.

Pasado el *lunch* con estas personalidades, esa misma tarde reuní a Echeverría con el secretario General de la OEA, el presidente del BID y a quien representaba, en ese entonces, los intereses del Vaticano en Washington. Esta última fue una reunión un tanto secreta, por no existir en aquella época relaciones formales entre el Gobierno mexicano y las iglesias.

No se habló en esa oportunidad de las relaciones Estado-Iglesia en México, pero el caso es que el presidente electo quedó satisfecho, y hasta sorprendido, con la organización que hice de su primera visita a la capital de los Estados Unidos y con el nivel de las personalidades que logré reunir. El *Siempre!* volvió a sacar un editorial en el que rectificó su postura original sobre mí y escribió: "la sardina se convirtió en tiburón".

2.- ¿Cuál fue el vínculo político que le permitió llegar al cargo de secretario de Relaciones Exteriores?, ¿Cuál fue la principal cualidad o cualidades que el presidente vio en usted para designarlo?

Yo no fui compañero de banca de Luis Echeverría. Yo soy generación "43" de la Facultad de Derecho (UNAM) y él era unas tres anteriores. Fue un amigo mío, Agustín Barrios Gómez, quien en su casa me presentó con Luis Echeverría, cuando este último era subsecretario de Gobernación. Yo me dedicaba entonces al sector financiero público. Cuando Echeverría asciende a secretario de Gobernación, aceptó mi propuesta para elaborar la Constitución comentada, bajo el título *"Mexicano: esta es tu Constitución"*. En 1968 se publicó la primera edición y, desde entonces, ha habido doce ediciones y se han distribuido y/o vendido más de medio millón de copias.

Creo que Echeverría quedó muy impresionado con ese trabajo y eso, finalmente, fue lo que lo hizo considerarme como su colaborador, tanto en la Embajada, como en su Gabinete. Recuerdo que me invitó, ya siendo presidente electo, una semana entera a Cozumel, y ahí repasamos, artículo por artículo, la Constitución comentada. Pienso que eso lo deberían hacer todos los presidentes de México con algún constitucionalista de reconocido nivel.

Echeverría me dijo que Díaz Ordaz me nombraría embajador de México en los Estados Unidos. Yo, por cortesía, fui a agradecerle el nombramiento al presidente Díaz Ordaz, pero tanto él como yo sabíamos de quién provenía realmente la designación. Otros factores que pudieron haber influido fueron el prestigio de mi abuelo o el hecho de que mi padre hubiera sido consultor jurídico en la Secretaría de Relaciones y prestado ahí sus servicios durante cuarenta años.

3.- ¿Cuál diría usted que fue la misión que se le encomendó como embajador y hasta qué grado considera haberla cumplido exitosamente?

Parte de las instrucciones que recibí incluyeron el asunto de la salinidad de las aguas del río Colorado, pero yo creo que, en realidad, se me envió a Washington para darme currículum y prepararme como secretario de Relaciones Exteriores. Cuando fui a la capital estadounidense, Echeverría no me dijo, ni siquiera remotamente, que yo sería luego canciller de México.

4.- ¿Qué fue lo más complicado para posicionarse como embajador en EUA?

Lo hice muy rápido, a tal grado que eso le impresionó al presidente electo e incluso a algunos medios de comunicación, como ya lo he referido. Para ello contó, sin duda, mi familiaridad con los Estados Unidos. Creo también que la importancia de la Embajada de México, no solo la da el titular de la misma al irse rodeando de contactos, sino que su relevancia depende también de la que le quieran dar, por un lado, el presidente en turno y, por el otro, la propia Secretaría de Relaciones Exteriores. El posicionamiento de un embajador en buena parte depende, por lo tanto, del apoyo que le vayan brindado, desde México, el presidente y el canciller.

5.- ¿Cuál era su nivel de interlocución en Washington? ¿A qué nivel trataba diariamente con el Departamento de Estado? ¿Tenía un enlace cotidiano con otras dependencias? ¿y con la Casa Blanca? ¿Cuáles fueron los contactos que más le sirvieron?

Debido al cortísimo periodo que serví como embajador, mi tiempo lo ocupé, primero, en la presentación de cartas credenciales e, inmediatamente después, en la organización de la visita del presidente electo, Luis Echeverría. Recuerdo, sin embargo, que pude establecer una comunicación fluida con Rogers, el secretario de Estado, así como con el subsecretario encargado de los asuntos latinoamericanos. Como ya lo mencioné, trabé una amistad cercana con Henry Kissinger, que luego me sirvió mucho en mi desempeño como canciller. Pasada la visita del presidente electo, le pedí a Rogers una cita para tratarle lo de la salinidad del río Colorado, cita que no tuvo lugar porque regresé a México.

6.- ¿Por qué casi nunca han sido buenas las relaciones entre el embajador en EUA y el titular de la Cancillería? ¿Qué hacer para mejorarlas?

Yo con el canciller Antonio Carrillo Flores me llevé estupendamente. Él había sido mi maestro de Derecho Administrativo. De hecho, el primer cargo que yo tuve en el Gobierno fue en 1944, en la Dirección donde él estaba, como director general de Crédito, en Hacienda. Allí fui pasante.

Lo que le puedo decir sobre su pregunta es que yo, como canciller, nunca, nunca toleré que el embajador en Washington le llamara al presidente de la República sin mi consentimiento. De haberlo hecho, yo mismo me hubiera encargado de que lo cesaran. En cambio ahora, en épocas más recientes, hemos visto cosas increíbles: un desplazamiento de la Secretaría de Relaciones a manos de otros secretarios o, peor aún, de asesores presidenciales convertidos en cancilleres de facto. Recuerdo que en mi época como secretario de Relaciones, una vez se quisieron meter en mi ámbito de competencia los titulares de la entonces Secretaría del Patrimonio Nacional y del Trabajo y Previsión Social. A ambos me encargué de disuadirlos para que nunca se les volviera a ocurrir tal cosa.

FIN DE LA ENTREVISTA

Capítulo 3

José Juan de Olloqui: un artista de la diplomacia

Aunque pensé que no lo iba a reconocer –político, al fin– José Juan de Olloqui admitió en esta entrevista, con inusitada franqueza, que su deporte favorito, la cacería, le fue de gran utilidad para relacionarse políticamente en los Estados Unidos.

En efecto, De Olloqui tuvo una presencia más notable de lo que le correspondía como representante de México en Washington, debido a su simpatía personal y a su capacidad para relacionarse con distinguidos miembros de la sociedad y del Gobierno estadounidense. Esta destreza le abrió canales de comunicación que, de otra manera, habría encontrado herméticamente cerrados, pues la suya no fue una época en la que las Administraciones republicanas de Richard Nixon y de Gerald Ford tuvieran muchos motivos para ver con agrado al representante de Luis Echeverría en Washington.

José Juan de Olloqui duró como embajador en Estados Unidos 5 años, 10 meses. A pesar de que durante su gestión se produjeron hechos de alto perfil positivo, como la solución al problema de la salinidad del río Colorado y la fundación de la Cámara de Comercio México-Estados Unidos, lo cierto es que la llegada de De Olloqui coincidió con la primera etapa de lo que Mario Ojeda ha llamado "el surgimiento de una política exterior activa", en la que nuestro país enarboló la bandera del tercer mundo y, por lo tanto, rivalizó con los Estados Unidos, especialmente en foros multilaterales./40

Autores como Walter Astié, señalan que en ese entonces llegó a crearse en los círculos conservadores norteamericanos y en algunos medios de comunicación "el fantasma del Soviet-México", que provocó serias críticas hacia nuestro país./41 Esta circunstancia alcanzó un punto de crisis que De Olloqui recuerda en estas páginas como un "momento molesto": el voto de México a favor de la resolución de las Naciones Unidas que equiparaba al sionismo con el racismo, y que ocasionó un boicot a la industria turística mexicana por parte de la comunidad judía de los Estado Unidos./42

Con el tiempo, se vería que la activa solidaridad con el tercer mundo y la diversificación de relaciones, ambas buscadas con ahínco por la

Administración Echeverría, de poco habrían de ayudar al mejoramiento de la situación económica de nuestro país. La imposición estadounidense de gravámenes a las importaciones mexicanas y el creciente endeudamiento con acreedores internacionales, entre otros fenómenos, colocaron a México en una situación de dependencia obligada frente a su vecino del norte./43 Sin embargo, algunos estudiosos del período, como Carlos Rico, señalan que no todo fue distanciamiento con los estadounidenses. Por ejemplo, dice Rico, el descubrimiento de reservas petroleras en el sudeste mexicano, en 1974, ayudó para avanzar en el tema migratorio, pues fue "el único momento en el que Estados Unidos parece dispuesto a discutir la demanda mexicana de llegar a un nuevo 'acuerdo bracero'."/44

Ciertamente, estos destellos positivos fueron importantes, mas no suficientes para marcar el signo de confrontación que caracterizó a las relaciones bilaterales durante la época en la que De Olloqui tuvo que desenvolverse. El entrevistado aborda en las páginas que siguen varios de los problemas aquí descritos y comenta con entusiasmo los avances alcanzados. Una de sus respuestas la concluye con una reflexión, que, curiosamente, después veremos reproducida en otros de sus colegas: "...los logros que hubo se obtuvieron sin afectar en lo más mínimo nuestra dignidad."

Este pensamiento trajo a mi mente lo ocurrido hace algunos años, cuando tuve ocasión de conversar con el ex presidente Luis Echeverría. Le pregunté con qué criterio había escogido a su embajador en Washington. Don Luis – como le dicen todos los que no le llaman "presidente"- respondió a mi pregunta rápido y tajante, haciendo gala de ese vocabulario que tanto caracterizó a los políticos de su tiempo: "por su nacionalismo", dijo. Ni una palabra más obtuve de él sobre este tema./45

JOSÉ JUAN DE OLLOQUI

-embajador de México en los Estados Unidos-

1971-1976/46

1.- ¿Qué parte académica o laboral de su currículum le sirvió más para ejercer las funciones de embajador?

Primero que nada, haber tenido, desde siempre, interés por la historia; también mis posgrados en Derecho y en Economía, así como mi experiencia como director ejecutivo por México y otros países del Caribe en el Banco Interamericano de Desarrollo, en Washington. Esta última experiencia me permitió ver muy de cerca las "señales finas" que hay que conocer cuando se trabaja con los Estados Unidos.

2.- ¿Cuál fue el vínculo político que le permitió llegar a ese cargo? ¿Cuál fue la principal cualidad o cualidades que el presidente vio en usted para designarlo?

Mi designación, como la de todo embajador, fue hecha por el entonces presidente de la República. Por lo tanto, la respuesta a su segunda pregunta solo se la puede dar Don Luis Echeverría. Por lo que se refiere al vínculo político que me permitió llegar al cargo, indudablemente pienso que en mucho contó la buena opinión que de mí tenía –y espero que siga teniendo- el entonces canciller, Don Emilio O. Rabasa.

3.- ¿Cuál diría usted que fue la misión que se le encomendó y hasta qué grado considera haberla cumplido exitosamente?

La misión que se me encomendó fue, ante todo, defender y promover los intereses de México, lo que creo haber cumplido, aunque corresponde a otros juzgar. Debo señalar que no fue una época fácil, pues hubo bastantes tensiones. Con Lázaro Cárdenas se había producido una fuerte crisis con los Estados Unidos. Con Echeverría, las crisis eran menores, pero frecuentes. Esto se debía, entre otras cosas, a su nacionalismo e identificación con los países en vías de desarrollo, lo que algunos sectores de EUA interpretaron, equivocadamente, como tendencias socializantes. Un ejemplo de estos problemas fue el establecimiento de relaciones con muchos de los países socialistas y en vías de desarrollo, labor que, en gran parte, me fue encomendada para realizarla a través de las embajadas de estos países en Washington.

También fueron motivo de fricción algunos de los votos de México en las Naciones Unidas. Teníamos además problemas por el comercio y el asunto de los trabajadores indocumentados; yo creía lo mismo que ahora, que podría resolverse por un acuerdo parecido a los que operaron de 1942 a 1966. Comenzaba entonces el problema de las drogas, pero no con la virulencia que existe ahora. No hay que olvidar que la política multilateral y la política bilateral están interrelacionadas. Los EUA perciben correctamente la política bilateral y multilateral como un todo. Por ello, si nosotros tenemos un enfrentamiento con los EUA en lo multilateral, este se reflejará en lo bilateral.

Una diferencia sustancial con la época actual, es que en los foros multilaterales, México sostenía una posición frecuentemente antagónica a la de los Estados Unidos y eso llegó a causar serias complicaciones. A Estados Unidos no le era ni le es fácil entender que nuestros intereses no tenían por qué coincidir con los de ellos.

Algunos de los momentos molestos que viví profesionalmente se derivaron de las cuestiones siguientes: el voto sobre el sionismo como forma de racismo, las relaciones de México con Cuba y el tercer mundo y la Carta de Derechos y Deberes Económicos de los Estados. Estos asuntos, los recuerdo como problemas con Washington.

Lo del voto sobre el sionismo enfrentó a México con la comunidad judía norteamericana, aunque no con el Gobierno propiamente, a pesar de que el secretario de Estado, Henry Kissinger, era de origen judío, pero, dada su inteligencia, supo separar su origen racial, que lo había obligado a emigrar de Alemania durante el nazismo, de las funciones que le correspondían como jefe de la diplomacia norteamericana.

Ese problema con la influyente comunidad judía llegó a tal extremo que, en una ocasión, me vi precisado a hacerles ver a sus dirigentes que era tan incorrecto e injusto el boicot de ellos contra México, como lo sería el organizar uno en su contra por parte de la comunidad de origen mexicano en los Estados Unidos. Yo, por supuesto, no tenía ni poder ni forma de lograrlo oportunamente. Pero esta actitud surtió efecto.

Sin embargo, hay que decir que no solo hubo enfrentamientos sino, también, grandes oportunidades y productivos avances como, por ejemplo, la solución del problema de la salinidad del río Colorado. Se evitaron muchas sanciones económicas; se incrementó el comercio; las relaciones en todos los órdenes crecieron; las visitas entre mandatarios se estrecharon y, desde luego, la fundación, en mi época, de la Cámara de Comercio México-Estados Unidos, que hasta la fecha sigue funcionando exitosamente. Finalmente, debo de señalar que dadas las circunstancias, se logró evitar mayores conflictos con los EUA y los logros que hubo se obtuvieron sin afectar en lo más mínimo nuestra dignidad.

4.- ¿Qué fue lo más complicado para posicionarse como embajador en EUA? ¿Cómo se sintió con relación a otros embajadores en Washington?

Para posicionarme como embajador en Estados Unidos entre los más de 100 jefes de misión que había en ese momento en Washington, contaba con ciertas ventajas como representar a un país vecino, un país que está entre los 12 ó 15 más importantes del mundo, que entre otras cosas es una potencia cultural, un importante cliente comercial y un país que cuenta con una numerosa población de origen mexicano radicada en Estados Unidos. Además, conocía bien a los EUA y a su gente. En el mundo polarizado de esa época, México era, en alguna forma, un puente entre los países socialistas y capitalistas y, también, entre los países desarrollados y subdesarrollados.

Por otra parte, como desventaja estaba, como hasta ahora, la enorme asimetría entre México y Estados Unidos, y la percepción equivocada que se tiene de nuestro país en algunos sectores de los EUA. Por otro lado, la diferencia de objetivos en el quehacer internacional entre México y los EUA también representó una complicación. Sin embargo, cabe señalar que fui tratado por la sociedad y el Gobierno americanos al más alto nivel, donde hice grandes amigos, al igual que entre los embajadores de otros países acreditados en Washington.

Mi relación con los otros embajadores fue de dos tipos: institucional y personal. Institucionalmente, mi relación con los otros embajadores era de igual a igual, ya que yo representaba a una nación independiente y soberana. En lo personal, como en todas las relaciones humanas, había embajadores con los que llevaba una mejor relación que con otros, ya fuera por perseguir objetivos comunes o por simpatía.

Reconozco que me ayudó muchísimo haber vivido antes en esa ciudad. De esa forma, cuando tomé posesión del puesto de embajador, no tuve que comenzar a tocar y abrir puertas. Ya tenía algunas puertas abiertas en la sociedad y el Gobierno americanos. Sobre todo en las instituciones financieras, por un lado, y entre la comunidad latinoamericana, por otro.

5.- ¿Cuál era su nivel de interlocución en Washington? ¿A qué nivel trataba diariamente con el Departamento de Estado? ¿Tenía un enlace cotidiano con otras dependencias? ¿Y con la Casa Blanca? ¿Cuáles fueron los contactos que más le sirvieron?

El nivel de interlocución dependió del asunto. En cuestiones importantes, el nivel siempre fue el más alto. Con los secretarios de Estado William Rogers y Henry Kissinger, por ejemplo, traté los temas que así lo ameritaban. Los ordinarios se trataban con el subsecretario para Latinoamérica y/o con el encargado de México. Varios miembros del Gabinete norteamericano frecuentaban la Embajada, para comer o cenar. Recuerdo, en particular, a los secretarios de Comercio y de Agricultura, así como al procurador general de Justicia, con quienes establecí una muy buena relación.

Quizá el contacto individual que más me sirvió, porque hice una excelente amistad personal con él, fue el líder del Senado, el demócrata Mike Mansfield, un buen amigo de México. El contacto colectivo más útil, sin duda alguna, fue la comunidad de origen mexicano. Yo encontré entre sus miembros la mejor manera de fomentar lazos de todo tipo entre México y los Estados Unidos. A veces, incluso, llega uno a tener la impresión de que hay mexicano-estadounidenses con un nacionalismo comparable al de muchos patriotas, paisanos nuestros.

Aproveché este cariño hacia nuestro país por parte de los norteamericanos de origen mexicano, independientemente de las razones que lo hayan generado. Creo que debería seguirse fomentando en beneficio de la relación bilateral. Los mexicano-estadounidenses son un factor de influencia en Estados Unidos comparable al petróleo, ya que en algunos estados tienen influencia decisiva en las elecciones, y a todo político lo que le interesa es ser electo o reelecto.

Para el embajador, es fundamental tener los más estrechos contactos con funcionarios de la Casa Blanca. En cuanto a la relación con otras dependencias fuera del Departamento de Estado, solo voy a decir una cosa: un embajador que limita su relación únicamente al Departamento de Estado, está perdido. Hay que echar mano de todos los recursos al alcance de uno para establecer las relaciones, personales e institucionales, que más le sirvan a las funciones de embajador. A mí, por ejemplo, me sirvió enormemente mi condición de cazador empedernido. Me iba de cacería, lo mismo con empresarios que con miembros del Congreso, gobernadores y secretarios de Estado. Lo que quería -y creo que logré- era hacer cabildeo constante a favor de los intereses de México.

6.- ¿Con qué recursos económicos y humanos contaba para desarrollar su labor? ¿Qué secciones de la Embajada trabajaban más intensamente? ¿Hubo recursos para contratar cabilderos, por ejemplo?

En mi época, la falta de recursos no permitía contar con el personal necesario y calificado, entonces había que hacer de todo e improvisar mucho. No era como ahora, donde hay una oficina casi por cada dependencia del Gobierno mexicano. En quienes recaía más la carga de trabajo era en los funcionarios que trabajaban en el área económica, jurídica y cultural; lo político, tocaba al embajador.

Yo creo que hay que llegar a todos los niveles posibles en todas las dependencias gubernamentales y en todos los sectores de la sociedad donde uno se desarrolla. La relación con los intelectuales y los medios de comunicación, por ejemplo, es fundamental, pues ellos son formadores de opinión en todo el país.

En ese tiempo se decía que los cabilderos contratados como tales, eran una muestra fehaciente del fracaso del servicio exterior. Algo hay de cierto en ello. Sin embargo, también es verdad que, a nivel de comunicación, un americano le cree más a otro americano. Este aspecto lo cubrí con la mencionada Cámara de Comercio Estados Unidos-México. Una mediana o gran potencia no debería tener necesidad de recurrir a cabilderos.

En el caso de México, la entonces Secretaría de Industria y Comercio llegó a contratar, porque así lo requería la ley norteamericana, los servicios de una firma de cabildeo de ese país para el asunto del azúcar, más no a través de la Embajada, sino directamente. A mí jamás me llegó recurso alguno para contratar a nadie fuera de la estructura formal de la Embajada. Incluso los recursos para eventos sociales -muy necesarios en un trabajo como este- no siempre alcanzaban y en varias ocasiones dispuse de mi dinero para cubrirlos.

7.- ¿Cuál era su nivel de interlocución cotidiano en el Gobierno mexicano?

El secretario de Relaciones Exteriores, y solo si este estaba ausente y el caso lo requería, el presidente de la República. En ocasiones, el presidente me encargaba algún asunto con la instrucción de reportarle directamente a él el resultado de mis gestiones. Asimismo, recibía llamadas de todos los miembros del Gabinete.

8.- ¿Qué fue lo más difícil en su trato con el Gobierno mexicano?

Quizá con la propia SRE, pero esto no es un fenómeno privativo de nuestro país. Muchos de mis colegas compartían la misma opinión de sus Cancillerías. Es importante subrayar la posición tan particular del embajador en Washington: Un embajador en Washington concentra las funciones del Gabinete en su relación con los Estados Unidos. Esto obliga a trabajar con todos los sectores y lo hace muy vulnerable.

9.- ¿Por qué casi nunca han sido buenas las relaciones entre el embajador en EUA y el titular de la Cancillería? ¿Qué hacer para mejorarlas?

En muchas de las Cancillerías, excepto en Gobiernos parlamentarios, existe por lo general ese problema. Quizá porque el embajador en Washington se convierte, institucionalmente, en un competidor natural del secretario de Relaciones Exteriores. Aunque no ha habido ni habrá canciller que reconozca esta situación, así es. ¿Qué hacer para mejorar? Bueno, de los dos cancilleres que a mí me tocaron -Emilio O. Rabasa y Alfonso García Robles- yo hice muy buena amistad con el primero, a quien le tengo un gran afecto y gratitud. Con el segundo tuve una buena relación de familia. El secretario de Relaciones Exteriores y el embajador en Washington deben de colaborar, no solo en una situación de escalafón sino en una relación de amigos, sin vulnerar las jerarquías.

Yo pienso que la relación institucional es tal, que si cae el embajador en Washington, probablemente este hecho afectaría mucho la posición del secretario de Relaciones Exteriores. Esa es la relación institucional de poder.

10.- ¿Cuáles van a ser, en el futuro, los atributos más importantes para un embajador de México en Washington, comparados con las capacidades que se requirieron en su época?

Si bien los problemas y las soluciones cambian a través del tiempo, no resisto mencionar que, en el informe presidencial del 1 de septiembre de 1925, del entonces presidente Plutarco Elías Calles, refiere que se celebró, en El Paso, Texas, una conferencia entre delegados mexicanos y estadounidenses para estudiar y formular las bases de un convenio que tendiera a evitar el contrabando, el tráfico ilícito de narcóticos, y para resolver las cuestiones de migración de la frontera. Como vemos, esto suena familiar, así pues, parece no haber nada nuevo bajo el sol.

Como lo indico en el principio de mi libro, *La Diplomacia Total*, "uno cree lo que quiere creer, uno inventa a las personas y a los países. Nadie cambia.", así pues, no debe pensarse en un cambio radical en la condición humana./47

En el fondo, las recetas que Harold Nicolson sintetizó para ser un buen diplomático, siguen siendo vigentes.

Una consideración importante es saber distinguir con mucha claridad tres situaciones que suelen confundirse entre sí: 1) Cómo *deben* ser las cosas, 2) Cómo *quisiera* uno que fueran las cosas y 3) Cómo *son* las cosas. No distinguir entre estos tres niveles conduce invariablemente al error.

Pero no quiero dejar de responder específicamente a su pregunta y mencionaré, al menos, tres atributos para un embajador de México en Washington, que considero de la mayor importancia:

1) Que sea profundamente nacionalista. Entendiendo el nacionalismo --y esa es mi definición personal-- como la afirmación de lo nuestro, mas no la negación de lo ajeno.

2) Que conozca muy bien su país y aquel en el que está acreditado. En todos sus aspectos: político, económico, cultural, etcétera.

3) Que dedique mucho esfuerzo a su actividad. Se requiere de personas a quienes les guste trabajar, no de alguien que se tome el cargo como una beca.

FIN DE LA ENTREVISTA

Capítulo 4

Hugo B. Margáin: el maestro

El 10 de diciembre de 1997, la Secretaría de Hacienda y Crédito Público (SHCP) que encabezaba Ángel Gurría, rindió un homenaje a Hugo B. Margáin, extitular de la SHCP entre 1970 y 1973. De ese evento surgió una publicación, que plasmó las palabras que pronunciaron excolaboradores y amigos de Margáin, reunidos en el evento./48 Casi todos se refieren a él como "maestro"./49

Tres exembajadores de México en Washington, Jorge Espinosa de los Reyes, Gustavo Petricioli y Jesús Silva Herzog, participaron en el homenaje. Mientras que para Espinosa de los Reyes, Margáin siempre hizo gala de una "serenidad ejemplar",/50 Petricioli señaló que se trata de "uno de los mejores representantes en Washington que ha tenido nuestro país"/51 y Silva Herzog resaltó la preferencia de "Hugo" por mantener invariablemente sus principios y convicciones "aún a costa de su puesto en el Gobierno"./52 Esta referencia de Silva Herzog fue repetida por otros oradores en aquel homenaje, en clara alusión a la "caída del caballo" que el presidente Echeverría le ordenó sufrir al secretario Margáin para removerlo de la SHCP./53

El evento evidenció el gran aprecio que se le tuvo a Hugo B. Margáin en altos niveles del Gobierno y las firmes convicciones que siempre le caracterizaron, a pesar del costo que pudieron llegar a representarle. En la entrevista que sigue, Salvador Campos Icardo, exjefe de Cancillería en la Embajada que encabezó Margáin, corrobora lo anterior: al tiempo que comenta el notable don de gentes del embajador de México, admite las diferencias que tuvo, por ejemplo, con el entonces secretario de Relaciones Exteriores, Santiago Roel./54

Otro de los ministros que trabajó con Margáin, Florencio Acosta, ha reconocido esta situación, al hablar de las fricciones que se generaban entre nuestra Representación diplomática en Washington y funcionarios de la Secretaría de Relaciones Exteriores, que negociaban asuntos desde México, al margen de la Embajada, con el Coordinador Especial para México que Carter había designado, el excongresista Robert Krueger: "Lo que no le gustaba a Hugo", refiere Acosta, "era que lo percibieran en México como el político jubilado y que no tomaran en cuenta que él era un hombre de trabajo también como embajador, respaldado, además, por una sólida trayectoria de alto nivel en el sector público"./55 Ciertamente, además de su trayectoria de alto nivel,

Margáin supo aprovechar durante su segunda gestión como embajador en Estados Unidos su relación cercana con el presidente López Portillo, particularmente en los momentos más complicados que le tocó enfrentar en las relaciones bilaterales.

En el comienzo de la era lopezportillista, nuestro país buscó salir de la crisis de 1976, caracterizada por la caída en los niveles de crecimiento, la devaluación, el endeudamiento externo y la pérdida de confianza en el Gobierno./56 Con el anuncio de los descubrimientos petroleros, en 1977, México muestra claros signos de recuperación. A principios de ese año, el nuevo Gobierno demócrata en los Estados Unidos, encabezado por Jimmy Carter, busca un acercamiento con su vecino del sur, aprovechando el inicio simultáneo de ambas Administraciones. López Portillo, en efecto, fue el primer presidente en realizar una visita de Estado a Washington durante la Administración Carter, el 14 de febrero de 1977, fecha en la que se estableció la Comisión Binacional, con el objeto de dar seguimiento a todos los temas de la agenda bilateral./57

El buen ánimo entre López Portillo y Carter duraría poco. El acuerdo con empresas norteamericanas para la venta de nuestros excedentes de gas –que implicó la construcción de un gasoducto para el efecto- fue desarticulado por el Gobierno de Washington por consideraciones de precio y por un conflicto de intereses entre las compañías estadounidenses y su propio Gobierno./58 Robert A. Pastor considera que López Portillo nunca perdonó a Carter por este incidente y sugiere incluso que se vengó "rompiendo una promesa y denegando al Sha de Irán su regreso a México"./59

Venganza o no, lo cierto es que el asunto de la visa del Sha fue uno de los problemas más importantes que enfrentó Margáin como embajador, ante la fuerte presión del Gobierno norteamericano –y de algunos sectores del Gobierno mexicano- para que se le permitiera al exmandatario iraní regresar a nuestro país. López Portillo consultó la decisión con Margáin: el Sha no regresó a México./60

Otros problemas que repercutirían en la intervención diplomática de Margáin en ese periodo –algunos de ellos mencionados en la entrevista que sigue- fueron los reclamos de López Portillo a Carter durante la visita de este último a México, sobre el tema del gas, en febrero de 1979; el impacto ecológico ocasionado por el incendio del *Ixtoc* I, en agosto de ese mismo año y el anuncio, en marzo de 1980, de la no entrada de México al GATT./61

HUGO B. MARGÁIN

-embajador de México en Estados Unidos-

1977-1981/62

Entrevista con el embajador Salvador Campos Icardo/63

1.- Como el segundo funcionario en importancia en la Embajada encabezada por Hugo B. Margáin –durante su segundo periodo como embajador en Washington- ¿cuáles fueron sus responsabilidades? ¿había otro embajador u otro ministro en la estructura de la Embajada?

Mis responsabilidades fueron las de jefe de Cancillería y, en ese entonces, tenía yo el rango de ministro. En mis competencias entraban prensa, asuntos políticos, administración de la Embajada, etcétera. Había un segundo ministro, Don Julián Hinojosa, ya fallecido, cuyas responsabilidades eran los asuntos comerciales. No era una Embajada como ahora, con agregados de casi todas las Secretarías de Estado y con un personal numeroso. En total éramos 44 servidores públicos, incluyendo empleados locales y secretarias.

2.- ¿Qué parte académica o laboral del currículum del maestro Margáin cree usted que le sirvió más para ejercer las funciones de embajador?

Dos, principalmente: primera, su formación jurídica. Segunda, su carrera en el mundo de las finanzas públicas. Él era funcionario de carrera del Banco de México. Claro está que la agenda con Washington era muy amplia –por supuesto, no tanto como ahora- y no solo había que trabajar en temas económicos, pero el trato con autoridades comerciales y financieras era necesario y frecuente. Entonces, nuestro comercio con los Estados Unidos representaba el 65% del total. No como ahora, que sobrepasa el 85%. Sin embargo, 65% es un porcentaje significativo. Exigía una atención especial.

3.- ¿Cuál fue el vínculo político que le permitió llegar a ese cargo? ¿Cuál fue la principal cualidad o cualidades que el presidente vio en el embajador Margáin para designarlo?

Creo que uno de los factores que más lo acreditó para el cargo fue que ya lo había desempeñado no mucho tiempo atrás. Conocía, por lo tanto, perfectamente el terreno. Pienso que José López Portillo no quiso arriesgarse y prefirió enviar a la capital estadounidense a un hombre de probada capacidad, con muchos contactos allá, con quien, además, le unía una estrecha amistad. López Portillo le llamaba "maestro"; sentía un gran respeto por él. Claro, no solo era un respeto a nivel personal, sino sólidamente respaldado por un impresionante currículum. Recordemos que Margáin, para entonces, ya había sido oficial mayor y subsecretario en la extinta Secretaría de Industria y Comercio, secretario de Hacienda, embajador en Washington, embajador en la Gran Bretaña, etcétera. Las cualidades que el presidente pudo ver en Margáin fueron muchas.

4.- ¿Cuál diría usted que fue la misión que se le encomendó a Margáin y hasta qué grado considera que la cumplió exitosamente?

La misión fue lograr un acercamiento con el Gobierno de los Estados Unidos, buscar una relación más equilibrada, menos asimétrica. Fue una misión cumplida cabalmente. Las relaciones con el vecino del norte mejoraron y entre otros ejemplos que sustentan lo anterior está la visita del presidente de México a Washington y los demás contactos importantes que se dieron entre Carter y López Portillo.

En su primera gestión, a Margáin le había tocado el diferendo de El Chamizal. Estuvo presente en todas las reuniones. Su misión en el segundo periodo tampoco fue fácil, pues hubo que hacer frente a problemas tan complicados como la venta de gas a los Estados Unidos —asunto concluido cuando finalmente se suspendió la construcción del gasoducto-, el problema ambiental ocasionado por el accidente del pozo petrolero *Ixtoc* I, la extradición de Ríos Camarena y el asilo en México al Sha de Irán, para el cual los Estados Unidos presionaron mucho.

A ello hay que añadir que en su segunda época como embajador, a Margáin le tocaron dos Administraciones muy distintas entre sí, la del demócrata Jimmy Carter y el principio del Gobierno republicano de Reagan.

5.- ¿Con cuál de las dos se desarrolló mejor la relación?

Con los demócratas era muy complicado trabajar, porque había una falsa moral detrás de todas sus decisiones. Los republicanos son más crudos, pero más directos. No tienen que disfrazar su política exterior con principios morales.

6.- ¿Qué fue lo más complicado para Margáin a la hora de posicionarse como embajador en EUA?

No tuvo problemas porque ya había sido embajador. Conocía Washington perfectamente y tuvo el buen tino de mantener a la mayoría de los contactos que hizo durante su primera gestión –de 1965 a 1970- mismos que para 1977 ya habían avanzado en sus carreras políticas y ocupaban cargos de mayor nivel que en la década de los sesentas. Esta fue una ventaja particular que Margáin aprovechó inteligentemente, en beneficio de sus funciones como embajador.

Por otro lado, como se sabe, Don Hugo fue secretario de Hacienda y Crédito Público en la primera mitad del sexenio de Echeverría y, en esa calidad, viajó muchas veces a Washington, en donde estableció relaciones importantes con instituciones y personalidades del medio financiero. Fueron relaciones que también retomó al llegar por segunda vez a la Embajada.

7.- ¿Cuál era su nivel de interlocución en Washington? ¿A qué nivel trataba diariamente con el Departamento de Estado? ¿Tenía un enlace cotidiano con otras dependencias? ¿Y con la Casa Blanca? ¿Cuáles fueron los contactos que más le sirvieron?

Su nivel de interlocución, en el Departamento de Estado, lo definían tres funcionarios: Cyrus Vance, secretario de Estado, Warren Christopher, número dos del propio Departamento de Estado y Peter Vaky, subsecretario para Asuntos Interamericanos. Llegó a conocer a Carter, pero hay que recordar que la relación entre México y Estados Unidos no era tan intensa como ahora y los tratos de alto nivel, por lo tanto, no eran tan frecuentes como ahora. También en otras dependencias tuvo contactos   de buen nivel, sobre todo en dependencias financieras, por las relaciones que he mencionado. Una dependencia diferente con la que tuvo tratos frecuentes fue el Departamento de Justicia, pues en esa época se inició la primera operación antidrogas que involucraba a México y Estados Unidos. La llamada "Operación Cóndor". Recuerdo que Óscar Flores era el procurador general de la República y fue a Washington. Claro, no teníamos un problema de narcotráfico tan alarmante como lo tenemos ahora.

8.- ¿Y quiénes eran sus mejores amigos en el Congreso?

Tenía una relación muy frecuente con Mike Mansfield y con Lloyd Bentsen. También con el *Speaker* de la Cámara de Representantes, Tip O'Neill. Trató a muchos. Quiero referirme de manera especial al hecho de que el embajador Margáin, si bien cultivó excelentes relaciones en el Congreso de los Estados Unidos, jamás "tuteó" a ninguno de sus miembros. Con ello quiero decir que los congresistas eran bien recibidos por el embajador en las instalaciones de la Embajada –a la que varias veces fueron- en comidas y cenas. Pero, para Margáin, la relación se establecía no del amigo que aprovecha la "amistad" para obtener ventajas en su desempeño profesional, sino de embajador a legislador, de funcionario a funcionario. A pesar de que muchos congresistas lo saludaban siempre con un familiar *Hi, Hugo*, él invariablemente contestaba, de manera muy amable, pero formal, *Hello, Mr. Senator*. Era de una institucionalidad impresionante y creo que eso lo valoraron mucho los americanos. Margáin nunca, jamás, expresó frases como "vamos a hablarle a mi cuate fulano para que nos ayude." Nunca llevó al terreno personal sus relaciones oficiales.

9.- ¿Con qué recursos económicos y humanos contaba para desarrollar su labor? ¿Qué secciones de la Embajada trabajaban más intensamente? ¿Hubo recursos para contratar cabilderos, por ejemplo?

En nuestra época, el edificio de la Embajada de México dejó de ser Embajada y residencia, en virtud de que José Juan De Olloqui había conseguido una casa que se utilizó como residencia. Con ese motivo tuvimos que hacer una serie de adaptaciones para dejar funcionando como Cancillería todas las áreas de la casona de la calle 16. Fue una obra que duró más de un año. Por ello puede decirse que funcionalmente, las instalaciones mejoraron y dieron una cabida más cómoda a los 44 empleados que ahí trabajábamos.

Hablar de "secciones" en la Embajada era, y es, absolutamente correcto. No obstante, quiero decirle que muchas de las hoy conocidas como "secciones" no existían como tales entonces y la mayor parte estaban bajo mi responsabilidad directa. Por ejemplo, no había un consejero de prensa, todas las relaciones con la prensa, las llevaba yo. El embajador prefería hablar poco con los medios. Su estilo de comunicar las cosas era más bien a través de comunicados de prensa. Realmente no le gustaba que la prensa lo sorprendiera o hacer declaraciones con el afán de salir en los periódicos. Nunca le quitó las ocho columnas ni al presidente ni al secretario de Relaciones Exteriores. Era muy cuidadoso y muy consciente de las jerarquías en ese sentido.

Tampoco había áreas específicas para la relación con los consulados. En fin, era un escenario muy distinto al actual. Por eso creo que todas las oficinas dentro de la Embajada se desempeñaron con igual intensidad. Con los consulados quizás habría que hacer una precisión. Margáin viajaba con frecuencia por los estados y siempre visitaba los consulados de México. Se mantenía cerca del sector académico y recorrió los Estados Unidos dando conferencias. Tenía un gran amor por los libros, por la historia, por los documentos, además de muchísimos contactos con las universidades norteamericanas. Siempre se mantuvo muy activo, poniendo en práctica sus habilidades como investigador y como docente.

Por lo que hace a los cabilderos, no, no hubo recurso alguno para ello en la Embajada. Aclaro, sin embargo, que los dos secretarios de Relaciones Exteriores con quienes trabajó Margáin –Santiago Roel y Jorge Castañeda- apoyaban la idea de contratar cabilderos, sentían que podían ser de utilidad, pero nosotros nos opusimos. Margáin –y yo también- estaba convencido de que nadie podría velar mejor por los intereses de México que la Embajada, y que había que reforzarla y no había por qué contratar a alguien que hiciera el trabajo que legalmente le correspondía a la Embajada.

10.- ¿Cuál era su nivel de interlocución cotidiano en el Gobierno mexicano? ¿Qué fue lo más difícil en su trato con nuestro Gobierno?

Yo no recuerdo ningún conflicto de Margáin con el Gobierno mexicano en su gestión como embajador. Él no hacía nada detrás de la gente. Tenía una relación correcta con los secretarios de Relaciones Exteriores que le tocaron y un trato privilegiado con el presidente de la República, del cual nunca hizo gala.

11.- ¿Y con cuál de los dos secretarios de Relaciones Exteriores se llevaba mejor? Porque aunque no hiciera gala de su canal privilegiado con el presidente, era un hecho conocido para los cancilleres, ¿no es así?

Sí, con Castañeda había más entendimiento que con Roel, quien se molestaba cuando se enteraba de que Margáin había hablado con López Portillo. En cambio, a Castañeda esa relación entre el presidente y el embajador nunca le preocupó. Al contrario, la entendió muy bien. También habría que añadir que el carácter de Margáin hacía que las cosas no fueran dramáticas aún en los momentos de mayor dificultad. Cuando tenía que expresar su desacuerdo, lo hacía sin causar problemas que luego se reflejaran en el manejo de la relación bilateral con los Estados Unidos. Porque en ocasiones los problemas que se generan dentro del Gobierno mexicano se llegan a conocer o, peor aún, llegan a afectar o a dificultar el trato con las contrapartes estadounidenses. Lo primero que le interesaba al embajador Margáin era guardar una buena imagen de México.

12.- ¿Por qué casi nunca han sido buenas las relaciones entre el embajador en EUA y el titular de la Cancillería? ¿Qué hacer para mejorarlas?

No creo que sean malas. La relación especial que el embajador, por sus funciones, desarrolla con el presidente, suscita cierta desconfianza en algunos casos. Por ello creo que una buena relación entre el canciller y el embajador depende de la seguridad y confianza que tenga el secretario de Relaciones con el propio presidente de la República. Eso evita suspicacias de cualquier índole.

Otro factor importante en este asunto es qué tan institucional es el embajador de México. Si este no se da cuenta —o no se quiere dar cuenta- de que su jefe es el secretario de Relaciones Exteriores y que debe mantenerlo informado de todo, empiezan los problemas.

13.- ¿Cuáles van a ser, en el futuro, los atributos más importantes para un embajador de México en Washington, comparados con las capacidades que se requirieron en su época?

La reflexión sobre esto va muy relacionada con mi respuesta anterior. El embajador en Washington debe ser alguien que entienda que su jefe es el canciller, un hombre institucional, suficientemente maduro, que no tenga por delante una carrera política que perseguir como su prioridad. Porque si se nombra a alguien con proyectos políticos para el futuro inmediato, centrará toda su actuación en función de eso. Por ello creo que debe nombrarse en esa posición a un político o un embajador de carrera que tenga una gran visión de las cosas y que no tenga la inquietud permanente, o la inmadurez, de estar figurando en papeles protagónicos que restan mucha institucionalidad al desempeño de la función que le corresponde. Yo diría que Juan José Bremer encaja bien en este perfil. Fue una buena designación.

14.- Por último, embajador, si tuviera que mencionar dos cosas que aprendió usted de Hugo B. Margáin, ¿cuáles serían?

Aprendí muchas, pero estoy de acuerdo en decirle dos, porque de otra manera podríamos tener una plática interminable. Primero, la importancia de ser institucional. Don Hugo era rigurosamente institucional. Eso no solo le evitó muchos problemas políticos, sino que benefició enormemente a la Embajada de México. Mucha gente trabaja pensando en sí misma y no en la institución para la que sirve. Margáin pensaba siempre en la institución. Es un gran ejemplo a seguir.

Otra de las cosas que aprendí como su colaborador fue su trato, su cordialidad y su sencillez para convivir con todo el mundo. Margáin supo, invariablemente, darle a cada quien su lugar. Esa cualidad es muy difícil de encontrar en una persona con la brillante trayectoria que tenía él. No me cabe ninguna duda de que esa trayectoria, aunada a las cualidades que acabo de mencionar, hicieron de Hugo B. Margáin uno de los mejores embajadores que México ha tenido en Washington, en toda su historia.

FIN DE LA ENTREVISTA

Capítulo 5

Bernardo Sepúlveda: un revolucionario silencioso

En marzo de 1982, cuando Sepúlveda llega a Washington, el presidente López Portillo pasaba por los momentos más difíciles de su sexenio: creciente fuga de divisas, devaluación del peso, ajuste de precios en tortillas, luz y gasolina, confrontación en el Gabinete económico, presiones de los Estados Unidos y del sector empresarial mexicano por el apoyo de México al Gobierno de Nicaragua, el presidente, angustiado por la posibilidad de tener que declarar al país en suspensión de pagos, atado por la crisis de una economía petrolizada y sumido en la reflexión sobre la conveniencia de nacionalizar la banca./64

Mientras tanto, en el micromundo de la Embajada de México en Washington, ocurría una auténtica revolución, encabezada por Bernardo Sepúlveda Amor, el abogado internacionalista, amigo del canciller Jorge Castañeda y Álvarez de la Rosa, el hombre cercano –además- al candidato del PRI a la presidencia, Miguel de la Madrid. Quienes dudaron de esa "aureola política", luego de ver cómo fue el arribo de Sepúlveda a Washington, despejaron todas sus dudas: el nuevo embajador de México en los Estados Unidos presentó copia de sus cartas credenciales directamente al secretario de Estado, Alexander Haig, no al subsecretario, como era la costumbre. Fue autorizado para ampliar sustancialmente la nómina de la Embajada, en forma nunca antes vista, lo que le permitió incorporar a su equipo de trabajo a personal de alto nivel académico -varios de ellos con la categoría de ministro- y dividir en secciones el trabajo rutinario de nuestra Representación diplomática.

Su misión, como bien lo ha señalado Enrique Berruga, se produce en una delicada coyuntura, en la que Sepúlveda trabajó para integrar una "red de contactos y de negociaciones, tanto con las principales entidades acreedoras de los Estados Unidos, en las cuales se concentraba el grueso del endeudamiento mexicano, como con aquellos organismos con sede en Washington..."/65 El mandato fue también aproximarse de manera directa a las comunidades mexicano-norteamericanas, a los medios de comunicación y a los miembros del Congreso estadounidense./66

Paradójicamente, al tiempo que nuestro Gobierno mostraba severos signos de debilidad, infligidos por la crisis financiera, la posición de la Embajada de México en Estados Unidos experimentó un fortalecimiento institucional que, en el futuro, le sería de enorme utilidad./67

En la entrevista que sigue, Bernardo Sepúlveda resume el desarrollo de su carrera política, precisa los alcances de la tarea que se le encomendó en Washington y aclara que su nombramiento como canciller no fue en las mismas circunstancias que el de Emilio O. Rabasa. Relata, asimismo, cómo fue acercándose a los altos funcionarios de la Administración Reagan. En sus respuestas, Sepúlveda se revela como uno de los pocos excancilleres que, a pesar de su personalidad circunspecta y de la difícil época que le tocó vivir, se mantiene muy en forma, actualizado y con ganas de seguir participando activamente en el debate sobre la política internacional de México./68

Me pareció que, en algunas partes de la conversación, mi interlocutor mostró una impresionante congruencia en sus ideas sobre los Estados Unidos. Lo noté especialmente cuando vi que repitió, de manera contundente, conceptos que casi un año atrás le había referido a Walter Astié en una entrevista que se publicó en la *Revista Mexicana de Política Exterior*./69 Igualmente interesantes me parecieron sus recomendaciones, al final de nuestro diálogo, para un presidente en busca del perfil idóneo para designar a nuestro representante diplomático en la capital estadounidense.

BERNARDO SEPÚLVEDA

-embajador de México en Estados Unidos-

1982/70

1.- ¿Qué parte académica o laboral de su currículum le sirvió más para ejercer las funciones de embajador?

Sería muy difícil establecer un factor único como antecedente. Desde luego, mi formación como jurista fue muy útil para ser embajador, diplomático y secretario de Relaciones Exteriores. Conocer el Derecho Internacional me vinculó también a diversos campos de las relaciones, la política y el sistema económico internacionales. Tuve la fortuna de que César Sepúlveda fuera mi maestro en la Facultad de Derecho de la UNAM y a él le debo gran parte de mi interés original por todos los temas asociados con el orden jurídico internacional.

Posteriormente, en mi desempeño profesional, una influencia determinante fue Jorge Castañeda padre, quien al final de los años sesenta, cuando regresé a México al término de mis estudios en la Universidad de Cambridge, era el director en jefe para Asuntos Multilaterales de la Cancillería. Él fue quien generosamente me invitó a participar en diversas Conferencias de las Naciones Unidas, mismas que me permitieron conocer de cerca el perfil de la diplomacia multilateral en asuntos tan relevantes como el derecho de los tratados, el Derecho del Mar, el espacio exterior, el desarme, la definición de la agresión.

También dentro del ámbito laboral, algo que me facilitó el entendimiento de las Relaciones Exteriores fue haber fundado la Dirección General de Asuntos Hacendarios Internacionales, en la Secretaría de Hacienda. Pude entonces involucrarme con temas como las finanzas, la inversión, el comercio y la tecnología, el funcionamiento del Banco Mundial, el Fondo Monetario Internacional y el BID, y la operación de la banca privada transnacional, lo cual me dio muchos elementos para comprender las relaciones de México con el exterior.

2.- ¿Cuál fue el vínculo político que le permitió llegar a ese cargo? ¿Cuál fue la principal cualidad o cualidades que el presidente vio en usted para designarlo?

Yo lo plantearía en términos distintos. Por una parte, haber trabajado en áreas dedicadas a las relaciones internacionales de México, me permitió vincularme con personalidades de primer nivel de la política exterior. Con ese antecedente, en enero de 1981, el secretario de Programación y Presupuesto, Miguel de la Madrid, me designa como su asesor principal en Asuntos Internacionales. En septiembre de ese año, al ser nominado candidato a la presidencia de la República por el PRI, colaboro con él como secretario de Asuntos Internacionales del Comité Ejecutivo Nacional. Posteriormente, cuando Don Hugo B. Margáin fue invitado a participar como candidato al Senado de la República, el secretario de Relaciones Exteriores, Jorge Castañeda y Álvarez de la Rosa, propuso mi nombre al presidente José López Portillo como embajador de México en los Estados Unidos de América. Yo lo consulté con el candidato presidencial De la Madrid, quien vio la propuesta con mucha simpatía. Con esos respaldos políticos, inicié mi gestión diplomática en Washington.

3.- En octubre de 1970, el licenciado Emilio O. Rabasa es nombrado embajador en Washington por el aún presidente Gustavo Díaz Ordaz y, a los dos meses, cuando asume la presidencia Luis Echeverría, lo designa canciller. El propio Rabasa ha reconocido que su nombramiento en Washington fue con el objeto de prepararlo para ser canciller. ¿Ese también fue su caso?

No, en mi caso no hay una relación de causalidad. En mi caso, como dije, la invitación original provino de Jorge Castañeda, a principios de 1982. En ese entonces Miguel de la Madrid era aún candidato y todavía debía someterse al juicio de los electores. De salir triunfador tenía que ser declarado presidente electo. Creo que los presidentes electos comienzan realmente a considerar las opciones finales para su Gabinete una vez que el Congreso les otorga formalmente esa calidad, no antes. Este fenómeno lo hemos observado en todos los procesos de campañas políticas en los últimos años. Quienes en un principio, al inicio de la campaña, aparecen como candidatos obvios a ocupar cargos en el Gabinete, al final no son designados, quedándose con la pura ilusión por una variedad de razones. Sin embargo, seguramente el hecho de ser embajador en Washington me dio una mayor oportunidad de ser considerado para el cargo de secretario de Relaciones Exteriores. En mi caso se trata, en suma, de nombramientos independientes, aunque el primero ciertamente ayuda al segundo.

4.- ¿Cuál diría usted que fue la misión que se le encomendó y hasta qué grado considera haberla cumplido exitosamente? ¿Qué fue lo más complicado para posicionarse como embajador en EUA?

La misión que se me encomendó fue emprender un proyecto para recomponer la relación bilateral con los Estados Unidos. Lo más importante al llegar fue asegurar que se ampliara de manera fundamental el espacio político de México con todos sus interlocutores y en todo el territorio de los Estados Unidos. Hay que recordar que la función diplomática no se circunscribe a Washington; la representación de un embajador se extiende por todo el ámbito estadounidense, lo mismo en las grandes ciudades, como San Francisco,

Boston o Chicago, que en aquellas zonas remotas con población mexicana, a donde la labor de protección se hace imprescindible.

Resultaba necesario asegurar que la Embajada pudiera vincularse no solo con el Poder Ejecutivo, sino también con el Congreso, los medios de comunicación y otros importantes actores en la relación bilateral, como lo son el sector privado, los empresarios, el mundo financiero y el bancario. Recuérdese que, en 1982, México atravesaba una severa crisis económica. En agosto de 1982 se planteó la posibilidad de que México entrara en una moratoria, dejando de cubrir el servicio de su deuda externa. También el tema centroamericano, que para ese entonces amenazaba con convertirse en un conflicto regional generalizado, ocupaba buena parte de nuestra atención, dada la política estadounidense desplegada en la zona. Todo esto exigía que la Embajada ensanchara su margen de maniobra iniciando una interlocución política con los distintos intereses involucrados.

En especial, recuerdo como una de mis experiencias más destacadas en Washington la apertura de espacios en los medios de comunicación, el acercamiento con el Congreso y los nuevos nexos con el sector empresarial. Establecí relación con consejos editoriales, reporteros y editorialistas, lo mismo de periódicos que de revistas; todo con el objeto de que tuvieran una imagen precisa de los fenómenos que estaban ocurriendo en México. Por lo que se refiere al Congreso, nos empeñamos en entablar una dinámica relación con el liderazgo y los principales miembros, tanto del Senado como de la Cámara de Representantes. Con el sector privado tuve un trato continuo, ante la necesidad de explicarle los difíciles fenómenos económicos que padeció México en 1982.

5.- ¿Cuál era su nivel de interlocución en Washington? ¿A qué nivel trataba diariamente con el Departamento de Estado? ¿Tenía un enlace cotidiano con otras dependencias? ¿Y con la Casa Blanca? ¿Cuáles fueron los contactos que más le sirvieron?

Las palabras "diariamente" y "cotidiano" en sus preguntas implican un trato de todos los días y, por supuesto, no es posible llamar al presidente o al secretario de Estado de los Estados Unidos *todos los días*. Por ello, yo hablaría mejor de una comunicación institucional regular.

Desde el inicio de mi gestión como embajador quise establecer niveles de interlocución con los principales responsables de la relación con México.

Tradicionalmente, como usted sabe, quien recibe la copia de las cartas credenciales de los embajadores acreditados en Washington, es el subsecretario de Estado.

Yo había tenido la fortuna de que cuando el entonces secretario de Estado, Alexander Haig, vino a México, a principios de 1982, con motivo de la primera reunión de la Comisión Binacional México-Estados Unidos, yo ocupaba el cargo de secretario de Asuntos Internacionales en la campaña de Miguel de la Madrid, candidato a la presidencia de la República. Propuse una reunión entre el candidato De la Madrid y el señor Haig, reunión que se materializó en un desayuno, en mi casa, al que asistimos el licenciado De la Madrid, el secretario Haig, el embajador de los Estados Unidos, John Gavin, y yo.

En ese encuentro se produjo una conversación de fondo, en la que trazamos líneas generales sobre las relaciones con Estados Unidos. El ambiente distendido del desayuno en casa propició un acercamiento personal con Haig que de otra manera difícilmente se hubiera dado. Esta circunstancia me permitió plantear, en marzo de 1982 -cuando llegué a Washington- la posibilidad de que fuera el mismo secretario de Estado quien me recibiera para entregarle la copia de mis cartas credenciales, planteamiento que fue bien acogido por Haig, cumpliéndose así una primera definición política en materia de jerarquías.

Pudimos retomar el diálogo emprendido en aquel desayuno y, al mismo tiempo, se abrió un canal de comunicación con el presidente Reagan y su equipo de colaboradores porque, coincidentemente, se dieron dos eventos que contribuyeron a entablar una buena comunicación. En primer lugar, la tradicional Reunión Interparlamentaria México-Estados Unidos se celebró ese año en la ciudad de Santa Bárbara, California y, de manera excepcional, el presidente Reagan fue el invitado de honor para inaugurarla. Reagan tuvo el gesto amable de invitarme a viajar con él en su avión para irnos juntos de Washington D.C. a Los Ángeles. En el trayecto, que dura unas cinco horas, pude conversar con él sobre los muchos temas de la agenda bilateral que nos ocupaban. Fue una buena oportunidad de entablar una relación personal.

El segundo hecho que propició mi acercamiento con los colaboradores del presidente estadounidense, y con él mismo, fue la organización de la reunión entre el presidente electo Miguel de la Madrid y el presidente Reagan. Fue un encuentro especial porque se llevó a cabo en Tijuana y en San Diego. Los primeros diálogos fueron en Tijuana y de ahí partimos a San Diego, en donde continuó la segunda ronda de conversaciones y se ofreció una comida en honor de De la Madrid. Ello me facilitó renovar el trato directo con Reagan. Los preparativos para un encuentro de estas características representaron una ocasión propicia para conocer y tratar a los principales asistentes del presidente Reagan. Así conocí, por ejemplo, a James Baker, el *Chief of Staff* de la Casa Blanca, un hombre extraordinariamente poderoso, que posteriormente llegaría a ser secretario del Tesoro y, en su oportunidad, el secretario de Estado del presidente Bush. Igualmente traté a otros colaboradores muy cercanos a Reagan, como Michael Deaver y Edwin Meese.

Con el paso del tiempo, aquella coyuntura facilitó las cosas cuando Alexander Haig dejó el Departamento de Estado, pues establecí rápidamente un estrecho canal de interlocución con el nuevo secretario, George Shultz. A estos acontecimientos debo añadir otro más, que también me generó la necesidad de negociar asuntos con la contraparte estadounidense. Me refiero a la visita del secretario de Hacienda de México, en agosto de 1982. Su visita a Washington obedeció a la dramática crisis financiera por la que atravesaba nuestro país y el objetivo fue plantear a los principales acreedores la necesidad de reestructurar la deuda externa de México.

La Embajada participó muy activamente en la planeación y organización de todos los encuentros que tuvo nuestro secretario de Hacienda, mismos que incluyeron al secretario del Tesoro, Donald Regan, al presidente de la Reserva Federal, Paul Volcker —un hombre extraordinario, por cierto-, al titular de la Secretaría de Energía y también al director de la Agencia Central de Inteligencia. Fueron cuatro o cinco días de reuniones, tras los cuales la Embajada contrajo la obligación institucional de dar seguimiento a todos los temas abordados. Así lo hicimos.

Podía advertirse claramente que la agenda México-Estados Unidos se expandía cada vez más y, desde un principio, decidí que resultaría muy útil frecuentar periódicamente al subsecretario de Estado bajo cuya responsabilidad estaban los asuntos de México, el señor Thomas Enders. Tom, como se le conocía familiarmente, resultó ser un excelente interlocutor político. Periódicamente nos íbamos a comer, fuera de su oficina, y ello propiciaba que pudiéramos hablar con calma, dos o tres horas, de todos los asuntos que interesaban a la relación bilateral. Creo que esas comidas influyeron favorablemente en importantes decisiones que tomó en su momento el Gobierno estadounidense con respecto a México.

Por lo que se refiere al Congreso, además de lo que ya señalé en la respuesta anterior, conviene mencionar que establecimos una buena labor de cabildeo con varios legisladores, entre ellos, Alan Simpson, un influyente republicano del estado de Wyoming, que en ese entonces era factor esencial en materia de migración. Igualmente traté mucho a los senadores Claiborne Pell y Chistopher Dodd.

6.- Con qué recursos económicos y humanos contaba para desarrollar su labor? ¿Qué secciones de la Embajada trabajaban más intensamente? ¿Hubo recursos para contratar cabilderos, por ejemplo?

En la época en que me correspondió ser embajador, en el Gobierno mexicano se consideraba que los cabilderos no resultaban útiles para promover la relación con Estados Unidos. Se había tenido una complicada experiencia con un cabildero que fue contratado al inicio del Gobierno del presidente José López Portillo y no recibí ninguna indicación sobre la conveniencia de buscar esas opciones.

Desde el inicio de mi gestión, registré las claras insuficiencias que tenía la Embajada en términos de personal. Jorge Castañeda gentilmente me autorizó a emprender un nuevo proyecto diplomático invitando a un conjunto de colaboradores de primer nivel, con altas calificaciones en su preparación académica y con talento y experiencia política. Ese grupo de jóvenes funcionarios -Miguel Ángel Olea, Manuel Rodríguez Arriaga, Claude Heller, Ignacio Villaseñor, Rosalba Ojeda, Isabel Molina, Rosario Green, Walter Astié-, facilitaron enormemente la compleja tarea encomendada y han sido un semillero invaluable para cumplir, en distintas funciones, otras responsabilidades.

Otra cuestión esencial es la presencia cultural de México. Tuve la suerte de organizar la primera gran exposición en el extranjero sobre las maravillas arqueológicas encontradas en el recién re-descubierto Templo Mayor. La *National Gallery* de Washington fue el recinto para exhibir esa magnífica colección. También fue posible que en Nueva York *The Museum of Natural History* montara una muestra de arte precolombino que tuvo una gran trascendencia en los medios culturales estadounidenses. La actividad universitaria es indispensable. Por ejemplo, al recibir el doctorado *honoris causa* en la Universidad de San Diego, pronuncié el discurso principal ante la comunidad de estudiantes que se graduaba en 1982, difundiendo un mensaje positivo sobre las realidades mexicanas.

De esta suerte, hubo un incremento importante de personal en todas las áreas, en calidad, cantidad y nivel de competencia, respondiendo de manera congruente al aumento en la dinámica de las relaciones bilaterales. Como he señalado, nos aproximamos lo mismo al Poder Ejecutivo que al Legislativo y a los medios de comunicación. También al sector privado le dediqué mucho tiempo, pues estoy convencido de que el medio empresarial no solo es una pieza fundamental en el sistema estadounidense, sino que -para México, en particular- juega un papel determinante. Vinculados a la influencia que ejercen en la relación bilateral, están los Poderes Ejecutivos locales, es decir, los gobernadores de los estados de la Unión Americana. Hay que cultivar el trato con ellos. El embajador en Washington, insisto, debe recordar que no solo ostenta la representación en el Distrito de Columbia.

7.- ¿Cuál era su nivel de interlocución en el Gobierno mexicano? ¿Qué fue lo más difícil en su trato con nuestro Gobierno?

Al presidente de la República no se le puede llamar todos los días, pero la naturaleza del trabajo que se desarrolla en la Embajada, me hacía tener un trato frecuente con el presidente López Portillo. La relación más obvia la tenía yo con el secretario de Relaciones Exteriores, Jorge Castañeda y Álvarez de la Rosa, con quien, además, me unía una amistad entrañable y una relación profesional muy estrecha. Hablaba también con los subsecretarios de Relaciones, especialmente con Alfonso de Rosenzweig. Al inicio de mi gestión diplomática tuve la necesidad de tratar temas relacionados con la competencia de la Secretaría de Gobernación, razón por la cual mi comunicación con el titular de la misma era frecuente.

Recuerdo una anécdota que ilustra lo anterior. El día que yo llegué a la ciudad de Washington me encontré, en la primera plana del *New York Times*, una nota en la que se daba cuenta de la captura, en California, de un alto funcionario mexicano presuntamente dedicado al contrabando de automóviles. De inmediato llamé al secretario de Gobernación para informarle del asunto y también para ponerme de acuerdo con él, a fin de que este hecho no trajera consecuencias negativas al conjunto de la relación bilateral.

De igual manera, la crítica situación financiera que enfrentaba México, especialmente durante agosto de 1982, propició un contacto muy frecuente con el secretario de Hacienda y Crédito Público y con el director del Banco de México. En materia comercial, las cosas tampoco eran fáciles. México atravesaba por un momento delicado por haber tomado la decisión de no ingresar al GATT. Como reacción, casi inmediata, muchos sectores –dentro y fuera del Gobierno de los Estados Unidos- buscaron la aplicación de medidas compensatorias a las importaciones mexicanas. Esto hizo necesaria la organización de diversos encuentros entre los secretarios de Comercio de ambos países y, por supuesto, antes y después de estas reuniones, mantuve estrecho contacto con el titular de esa cartera en México.

8.- ¿Por qué casi nunca han sido buenas las relaciones entre el embajador en EUA y el titular de la Cancillería? ¿Qué hacer para mejorarlas?

Voy a dividir su pregunta en dos aspectos. El primero tiene que ver con las cuestiones personales. Afortunadamente, mi relación con el secretario Castañeda fue excepcionalmente buena y positiva; los veinte años de estrecha amistad con él nos permitieron mantener un trato de confianza recíproca permanente. Porque no solo era la amistad, sino también la plena confianza, de ambos lados, que es muy importante. Creo también que Don Jorge tuvo la suficiente calidad humana como para no considerarme, nunca, un competidor que quisiera distraer la atención política del presidente López Portillo.

El otro aspecto de su pregunta lo contestaré desde mi experiencia como secretario de Relaciones Exteriores. Tuve una espléndida relación con Jorge Espinosa de los Reyes. En los seis años que trabajamos juntos –yo como canciller y él como embajador en Washington- puedo afirmar categóricamente que nunca surgió una diferencia política sobre la forma en que debíamos de proceder ante alguna cuestión, y menos aún fricciones o celos profesionales. Eso lo explico porque él actuó, invariablemente, con una absoluta institucionalidad. Siempre que el presidente de la República lo llamaba a acuerdo, el embajador Espinosa de los Reyes tenía el sentido de responsabilidad y la delicadeza de ir a la oficina del secretario de Relaciones Exteriores para informarle sobre su diálogo con el señor presidente.

Es importante señalar que también el presidente de la República, Miguel de la Madrid, tuvo siempre la gentileza de transmitir al secretario de Relaciones Exteriores los términos de su conversación con el embajador en Washington. Fue muy escrupuloso para impedir cualquier tipo de fisuras entre sus colaboradores.

9.- ¿Entonces depende del presidente el hecho de que no haya fricciones entre el canciller y el embajador en Estados Unidos?

Bueno, Miguel de la Madrid ha actuado siempre con un sentido institucional extraordinario. Su capacidad para asignar claramente tareas y responsabilidades a cada uno de sus colaboradores es notable y esa característica ayuda enormemente, para deslindar las funciones de cada quien pero, también, para asegurar el rendimiento de cuentas. Si a eso añadimos la especial cordialidad que invariablemente mantuvimos el embajador Espinosa de los Reyes y yo, el riesgo de fricciones fue prácticamente nulo.

10.- ¿Cuáles van a ser, en el futuro, los atributos más importantes para un embajador de México en Washington, comparados con las capacidades que se requirieron en su época?

Permítame, de nuevo, dividir su pregunta en dos vertientes. Si tuviera que dar mi respuesta a un joven diplomático que aspira a ocupar, algún día, la Embajada de México en Washington, le diría que leyera a fondo la historia de Matías Romero. Es un ejemplo a seguir, porque las cualidades que él mostró —y puso en práctica- en momentos tan difíciles para México, son, indiscutiblemente, ilustrativas de lo que podría denominarse el manual del buen diplomático. Ahora bien, si mi respuesta fuera para un presidente de la República que requiere mi opinión sobre el perfil idóneo del puesto, yo le diría varias cosas.

En primer lugar, debe ser un funcionario que cuente con la absoluta confianza del presidente. Ello, por un lado, facilita la gestión que el titular del Ejecutivo le tenga encomendada al embajador y, por otro, envía un importante mensaje a Washington sobre la capacidad de interlocución directa, al más alto nivel, del representante mexicano. Esta primera característica nos lleva a la siguiente: debe ser alguien con ascendiente político y que goce de un sólido respeto en el sistema mexicano. Si aquí en México no tiene una capacidad real de diálogo directo con los distintos actores del espectro nacional, le será muy difícil cumplir con sus tareas en los Estados Unidos.

De igual manera, ante la gran diversificación y crecimiento institucional experimentado por la Embajada en los últimos años, el embajador deberá ser alguien con una destacada capacidad de coordinación entre las diferentes áreas que componen la Misión diplomática, a fin de que ninguna de ellas actúe de manera autónoma, haciendo travesuras al margen de la Embajada, en detrimento del interés general del Gobierno mexicano.

Otras cualidades básicas, a las que no entro en detalle por su obviedad, son que hable inglés fluidamente, que sea una persona inteligente, culta y con talento para convivir socialmente. Esta última característica es fundamental, porque en el caso de Washington –y también de muchos otros destinos diplomáticos- ejercer una función social se traduce en resultados muy concretos en el trabajo como embajador. El titular de una Embajada como la de Washington debe convertir su residencia en un centro social importante, al que con frecuencia acudan personalidades de gran relieve: senadores y diputados, secretarios de estado, representantes de medios de comunicación, empresarios, banqueros, directores de instituciones financieras multilaterales, representantes de la cultura y de la intelectualidad y de organizaciones no gubernamentales. En fin, el objetivo es que personalidades destacadas converjan en los recintos de la Embajada de México y de la residencia. Esto no debe considerarse un asunto frívolo. En mi experiencia como embajador, tanto en Washington como en Londres, la actividad social, insisto, representó para mí una parte fundamental en la consecución de mis tareas políticas y diplomáticas.

Por último, un embajador mexicano en Washington debe tener un conocimiento profundo de la historia de México y de los objetivos de su política exterior. Para ejercer adecuadamente su función diplomática, es importante contar con una definición de lo que significan los intereses nacionales y la forma en que deben ser protegidos o promovidos. Esa carta de navegación facilita la tarea.

FIN DE LA ENTREVISTA

Capítulo 6

Jorge Espinosa de los Reyes: la discreción ante todo

La relación con los Estados Unidos en el periodo 1982-1988 fue demasiado turbulenta, como para arriesgarse a tener en Washington a un embajador polémico que representara un foco más de tensión. Primero, la dramática crisis de la deuda externa, en 1982, cuando estuvimos cerca de declararnos en moratoria. Luego, el activismo mexicano en Centroamérica, que mucho incomodó al Gobierno republicano de Ronald Reagan y la prolongada discusión legislativa que culminaría en la aprobación de la Ley de Reforma y Control a la Inmigración –conocida como "Ley Simpson-Rodino"-, la cual despertó temores sobre la repatriación potencial de miles de trabajadores mexicanos indocumentados./71

En medio de estos frentes de batalla, torturan y asesinan en México, en 1985, al Agente de la Oficina Antidrogas norteamericana (DEA), Enrique Camarena. El homicidio provocó una reacción en cadena de severos señalamientos públicos contra nuestro país./72 Mientras el comisionado de Aduanas, William Von Raab, denunciaba que "reconocidos funcionarios mexicanos" estaban involucrados en el narcotráfico, el jefe de la DEA, John Lawn, refería que las autoridades mexicanas "no hicieron nada" ante el aumento del fenómeno de las drogas y el subsecretario de Estado para asuntos interamericanos, Elliott Abrams, mostraba su preocupación porque las elecciones de 1985 resultaron "manchadas por alegatos de fraude"./73

Estas declaraciones tuvieron lugar en el marco de las audiencias que en mayo y junio de 1986 organizó el senador Jesse Helms, para examinar la corrupción en México, "en un contexto de reforma a los programas de asistencia (norteamericanos)."/74 En este escenario, que se repitió en diversos momentos durante el gobierno de Miguel de la Madrid, no fue de extrañar, por tanto, que la mayoría de las veces que Espinosa de los Reyes figuró en la prensa, lo hiciera por ser el conducto para entregar al Gobierno estadounidense notas de protesta./75

Sobrevendría, posteriormente un mejoramiento en la relación bilateral, incentivado por las medidas económicas del Gobierno delamadridista para superar la crisis, particularmente la estrategia de apertura económica, que culminó, en una primera etapa, con el ingreso de México al Acuerdo General de Aranceles y Comercio (GATT), en agosto de 1986./76 Hacia el final del sexenio, con los preparativos de la elección presidencial de 1988 y tras la escisión sufrida por el PRI a manos de la corriente democrática, los círculos políticos en Estados Unidos permitieron la disminución de las tensiones en los vínculos bilaterales, observando con prudencia lo ocurrido e inclinándose por apoyar al partido oficial mexicano, por considerarlo la mejor opción para los intereses de los Estados Unidos./77

En este contexto, el embajador Jorge Espinosa de los Reyes desarrolló un trabajo que encaja perfectamente en el estilo "tras bambalinas". Fue un hombre muy cercano al presidente De la Madrid, amigo de muchos años, pero nunca abusó de esa relación. Tuvo ligeras diferencias de opinión con el canciller Bernardo Sepúlveda, especialmente por el activismo de México en Centroamérica, que tanto recelo generaba en Washington,/78 pero jamás entró en debate con él y, cumplía a rajatabla sus indicaciones, informándole del contenido de todas sus conversaciones, telefónicas o personales, con el presidente de la República./79

Espinosa mostró una institucionalidad pocas veces vista en el periodo de tiempo que nos ocupa. No le importó no ser protagonista en los medios, ni que confundieran su discreción con ineficacia./80 Sirvió a su amigo y excolega de trabajo, el presidente De la Madrid, al tiempo que hizo innumerables amigos en sus funciones como embajador. A pesar de mantener en su imagen pública la cautela como norma, hizo amistad con polémicos personajes, como el entonces embajador estadounidense en nuestro país, John Gavin, quien presumía públicamente de sus vínculos amistosos con el embajador mexicano./81

Cuando ocurrió nuestro encuentro, a sus 81 años de edad, Jorge Espinosa de los Reyes mantenía su caminar ágil y su trato exquisito. La amplitud de esta entrevista da cuenta del cuidado con el que el embajador se condujo al dar sus respuestas. Incluso me dio la impresión de que todas las preguntas con algún tipo de "riesgo" político o de potencial daño en la imagen de cualquiera, las contestó muy cortésmente, pero sin dar mayor detalle. Por ejemplo, omite pormenores de todos los funcionarios norteamericanos, pero es prolijo en elogios para varios de sus colegas mexicanos.

"No es común que yo dé este tipo de entrevistas, yo no hablo de los cargos que ocupé; siempre, siempre, he cerrado la página", me dijo cuando lo contacté por primera vez. Al avanzar en nuestro diálogo, me atreví a preguntarle: "Si usted no habla de sus cargos anteriores, entonces ¿por qué aceptó esta entrevista?" Su respuesta me arrancó una sonrisa de satisfacción: "Por solidaridad académica".

JORGE ESPINOSA DE LOS REYES

-embajador de México en Estados Unidos-

1983-1988

1.- ¿En qué medida la formación académica consignada en su currículum le fue de mayor utilidad para ejercer la función de embajador?

Quisiera hacerle algunas consideraciones sobre el tema general de la formación académica, la cual me parece esencial en el desempeño de las labores que tiene a su cargo un embajador de México ante cualquier nación. Una formación cultural satisfactoria es un activo permanente en el trabajo de un embajador. Constituye un elemento primordial para tener en mente las características de nuestro país y su evolución política, económica y social. Asimismo, una preparación académica integral es un medio valioso para conocer y comprender el ideario y la acción de mexicanos destacados que hicieron posibles transformaciones significativas en nuestra nación. Es, además, el hilo conductor para renovar la memoria respecto a hechos fundamentales de nuestra historia, como son el origen, desenvolvimiento y consecuencias de los tres grandes movimientos revolucionarios de México: la Independencia, la Reforma y la Revolución de 1910.

Por otra parte, la formación académica, así como la perseverante actualización de conocimientos, auxilia, en buen grado, a tener una mejor comprensión respecto al pasado reciente de México –digamos las tres últimas décadas- así como sobre las circunstancias tornadizas del presente. En adición, genera elementos de juicio para formular escenarios posibles, concernientes a la evolución futura de la nación.

A lo anterior, cabría agregar que la preparación académica y el propósito constante de ponerla al día, es un recurso renovable para conocer, comprender e interpretar, apropiadamente, la evolución de las distintas naciones, así como sus constantes intereses y actitudes en cuanto a sus relaciones bilaterales y multilaterales.

Además, es pertinente señalar que las asombrosas innovaciones tecnológicas efectuadas en el curso de las últimas décadas, en paralelo con las transformaciones políticas, económicas y culturales en gran parte del orbe, han tenido un impacto relevante en la conducción de la actividad diplomática y en el alcance de las relaciones internacionales. Por ello es importante mantenerse informado sobre estos temas.

En el curso de mi formación profesional, tuve la fortuna de contar entre mis maestros a Don Daniel Cosío Villegas y a Don Jesús Silva Herzog, quienes en forma insistente recomendaban a sus discípulos preocuparse por adquirir una cultura general y, en especial, interesarse en el conocimiento de la historia universal y en la de México. Otra de sus recomendaciones, se refería a la importancia de obtener un amplio conocimiento relativo al pasado y presente de Estados Unidos de América. Con frecuencia afirmaban que, para un profesionista mexicano en el campo de las ciencias sociales, era indispensable mantener un interés constante en la evolución de los Estados Unidos y en las relaciones entre México y esa nación.

Con sobrada razón, Don Daniel –y también Don Jesús- aseveraban insistentemente que las relaciones entre ambos países tendrían año con año creciente importancia y evidente trascendencia en el desenvolvimiento de México. Creo que tuvieron la gran visión de percibir –desde los inicios de los años cuarenta- que la progresión ascendente de la citada relación bilateral se diversificaría con el transcurso del tiempo y, por ende, se haría más compleja y, con frecuencia, conflictiva por muy diversas razones.

Algunos discípulos de esos dos destacados intelectuales atendimos a sus exhortaciones y procuramos, a lo largo de nuestro desarrollo profesional, mantener un interés invariable en torno a distintos aspectos de Estados Unidos y, en particular, respecto a la evolución de las relaciones entre México y aquel país.

En septiembre de 1949, participé en el primer congreso de historiadores de México y Estados Unidos, celebrado en Monterrey, N.L. y presenté en el mismo una ponencia relativa a la evolución histórica de las inversiones de Estados Unidos en México durante el siglo XIX. Por cierto, mi tesis profesional fue una investigación referente a las relaciones económicas entre México y Estados Unidos, de 1870 a 1910. El director de esa tesis fue Don Daniel Cosío

Villegas.

2.- Y hablando específicamente sobre su trayectoria personal, de entre los cargos que ocupó en el sector público y privado ¿cuáles le proporcionaron conocimientos y experiencias de mayor utilidad para desempeñar las funciones de embajador de México en Estados Unidos?

Como usted puede fácilmente desprender de la relación de cargos que ocupé, prácticamente siempre estuve, de una u otra forma, vinculado a la evolución de las relaciones entre los dos países, así como a información sobre la economía y la política de los Estados Unidos.

Desde el inicio de mi carrera en el sector público, en el Departamento de Estudios Económicos del Banco de México, tuve la oportunidad y el interés de mantenerme informado sobre los aspectos más relevantes de la economía y la vida política norteamericana y, por supuesto, sobre el curso que seguían las relaciones económicas entre México y Estados Unidos. El Banco de México siempre ha tenido una vasta información sobre Estados Unidos y oportunos análisis sobre el desenvolvimiento de la relación bilateral.

Posteriormente, ocupé un cargo de investigador en el Departamento de Estudios Financieros en Nacional Financiera, donde hubo la oportunidad de seguir vinculado a la información y análisis del curso de la relación bilateral y, por consiguiente, a la marcha de la economía norteamericana y de su actividad política.

Años después, laboré en el Departamento de Estudios Económicos del Banco Nacional de México, en donde, entre otras actividades, trabajaba en la elaboración de su revista mensual. Era necesario mantener informados a sus lectores sobre la evolución de la actividad económica nacional y el entorno económico y político internacional. Asimismo, era norma el presentar mensualmente notas analíticas relativas al rumbo que seguía la economía y la política en Estados Unidos.

De nuevo en el sector público, presté mis servicios profesionales en el campo de la programación de la inversión gubernamental y su financiamiento. En esa actividad era preciso mantenerse informado sobre el panorama de las diversas fuentes del financiamiento externo, particularmente de las facilidades que existían en instituciones como el Banco Mundial y el Banco de Exportaciones e Importaciones de Estados Unidos para participar en el financiamiento de inversiones públicas. Había, por consiguiente, que estar al tanto de las tendencias de la economía internacional, asignando atención especial a lo que acontecía en la economía de Estados Unidos.

Los cargos que desempeñé en la Secretaría de Industria y Comercio se referían al fomento de la industria nacional, sustitución de importaciones, impulso a las exportaciones de productos manufacturados y a la generación de incentivos, a fin de estimular las inversiones nacionales y extranjeras en actividades industriales. Todo ello conducía necesariamente a entablar negociaciones con representantes de empresas nacionales y extranjeras interesados en participar en el desarrollo industrial de México. En el transcurso de los seis años que presté mis servicios en esa Secretaría, sostuve continuas relaciones con funcionarios gubernamentales y del sector privado norteamericanos en asuntos concernientes a diversas empresas industriales.

Antes de ser designado embajador de México ante el Gobierno de Estados Unidos, desempeñé tres cargos directivos. Primero fue en Petróleos Mexicanos y, posteriormente, en el Banco de México y en Nacional Financiera. Por cierto, en las actividades a mi cargo en las citadas instituciones, tuve frecuente y muy grata relación con funcionarios de la Secretaría de Relaciones Exteriores. De esta suerte, se me presentó la oportunidad de ampliar mi información sobre la política exterior de México y, además, la agradable ocasión de tratar a miembros distinguidos del Servicio Exterior Mexicano, tanto en conferencias internacionales como en visitas oficiales que efectué a varios países, o bien en reuniones de trabajo que se llevaban a cabo en la Cancillería.

Por último, cabe mencionar muy brevemente que en estor tres cargos estuve vinculado al desarrollo de la industria petrolera y petroquímica nacional, así como a la problemática de la actividad petrolera internacional. También en esos años me ocupé en asuntos relativos al fomento de la industria nacional y su financiamiento con recursos internos y del exterior. Asimismo, participé en negociaciones con directivos de bancos privados de diversas naciones y de organismos financieros de fomento de carácter internacional.

Todas y cada una de las actividades que llevé a cabo antes de incorporarme al Servicio Exterior me fueron de enorme utilidad en el desempeño del cargo de embajador de México en Washington. Con el paso del tiempo y con mi interés constante en nuestro vecino del norte —a riesgo de incurrir en inmodestas- estimo que había adquirido un conocimiento razonablemente satisfactorio respecto a los Estados Unidos. Conocía lo esencial de su política exterior. Tenía amplia información sobre la estructura y desenvolvimiento de su economía y estaba al tanto de algunas de las muchas complejidades de su vida política.

3.- ¿A qué atribuye usted su designación como embajador en Estados Unidos?

Supongo que el presidente Miguel de la Madrid consideró que en la coyuntura económica y política en la que se inició su administración, podría desempeñar debidamente el cargo de embajador en Estados Unidos. Probablemente fue esa misma razón la que prevaleció en las designaciones que hizo directamente el presidente de la República en la integración de su equipo de trabajo y cercanos colaboradores.

En mi caso, al igual que en el de otros funcionarios que sirvieron al país en ese sexenio, existía una relación de amistad con el licenciado Miguel de la Madrid que se inició, años atrás, en el desempeño de nuestras respectivas responsabilidades en la administración pública. En efecto, se inició una amistad en el trabajo, en el empeño común de alcanzar objetivos de interés nacional. Coincidíamos en acatar invariablemente una conducta institucional y en procurar y mantener relaciones cordiales y de mutuo respeto con nuestros compañeros. A la fecha sostengo una amistad afectuosa con el licenciado De la Madrid. Como suele suceder con las amistades que tienen su punto de partida en el servicio a las instituciones, y se conservan vivas y leales por un buen número de años, con el paso del tiempo, se fortalecen.

4.- ¿Cuál diría usted que fue la misión que se le encomendó?

La misión fundamental fue la de abordar los múltiples asuntos relativos a la relación bilateral, acatando estrictamente la política exterior de México, la cual, conforme a nuestra Constitución Política está asentada en principios normativos como la no intervención en asuntos internos de otros países, la autodeterminación de los pueblos, la solución pacífica de controversias, la proscripción de la amenaza o el uso de fuerza en las relaciones internacionales, la igualdad jurídica de los Estados, la cooperación internacional para el desarrollo y la lucha por la paz y la seguridad internacionales.

Vinculado a este mandato constitucional, cabe señalar la obligación del jefe de misión de proteger de modo permanente los intereses del Estado mexicano; resguardar la seguridad, la dignidad y los derechos humanos de los ciudadanos mexicanos que se encuentran en los Estados Unidos, difundir en ese país información de muy diversa naturaleza sobre México; vigilar el cumplimiento de tratados y convenciones suscritas entre los Gobiernos de México y Estados Unidos; recabar y transmitir a la Secretaría de Relaciones Exteriores toda información que fuese de interés para México; promover las relaciones culturales entre las dos naciones; propiciar el aumento de las exportaciones de bienes y servicios de México hacia Estados Unidos; mantener al día la información relativa a las transacciones financieras entre los dos países; comunicar a la SRE la opinión del jefe de misión sobre las relaciones de Estados Unidos con otros Estados; representar a México ante organismos internacionales y en reuniones de carácter intergubernamental, e informar a la Secretaría sobre las actividades de las mencionadas instituciones, en particular las concernientes al interés de México; fortalecer, en un plano de respeto mutuo y equidad, la cooperación en la lucha contra el narcotráfico y la drogadicción; fomentar las visitas de extranjeros a México; contribuir al intercambio de visitas a ambas naciones por parte de legisladores, funcionarios gubernamentales y representantes de medios de comunicación y, en general, intensificar las relaciones políticas, económicas y sociales entre los dos países. El embajador debe estar vigilante de cumplir las obligaciones que corresponden al jefe de misión, contenidas en la Ley Orgánica del Servicio Exterior Mexicano y su Reglamento.

5.- ¿Qué fue lo más complicado para actuar como embajador en Estados Unidos? ¿Cómo se sintió con relación a otros embajadores en Washington?

Más que complicado es laborioso. Se debe dedicar un perseverante esfuerzo para iniciar y conservar relaciones oficiales y personales con un amplio número de funcionarios gubernamentales, instituciones privadas y organismos internacionales, embajadores, gobernadores de estados –en particular los fronterizos- senadores y diputados, miembros de la Suprema Corte de Justicia, representantes de medios de comunicación, directivos de instituciones académicas, así como con otras muchas personas que, en una u otra forma, es conveniente mantener una continua relación social.

La enumeración anterior se integra con un amplio y heterogéneo universo de personalidades. Por ello es imprescindible ser selectivo, a efecto de evitar el empleo de tiempo en establecer relaciones que juiciosamente no se estimen esenciales para el desempeño de la misión.

En cuanto a la relación con otros embajadores, considero que es una actividad agradable y de particular provecho para el cumplimiento de las obligaciones a cargo del embajador. No obstante, es importante seleccionar con acierto un número determinado de embajadores con los que es conveniente sostener continuas relaciones en función del interés de México, sin desconocer también el agrado personal.

En Washington, el cuerpo diplomático se integraba, durante los seis años que permanecí en esa ciudad, por la representación de más de 150 naciones. Difícilmente, por razones de tiempo y prioridades, era factible alternar con tan amplio número de embajadores. Es pertinente agregar que, a menudo, los enfoques, análisis e informaciones de los otros embajadores, sobre muy diversas materias, eran de interés para México y benéficas para el cumplimiento de las obligaciones a mi cargo.

6.- ¿Cuál era su nivel de interlocución en Washington?

En ocasiones especiales con el presidente Ronald Reagan; en visitas de cortesía con el vicepresidente George Bush. Igualmente, en asuntos que por su importancia lo justificaran, con los secretarios de las diversas dependencias del Ejecutivo, o bien con los subsecretarios. En el poder legislativo, con senadores y diputados. También con el presidente del Consejo de la Reserva Federal, funcionarios de la Casa Blanca, presidentes o directores ejecutivos de organismos internacionales con sede en Washington, directivos de instituciones académicas y presidentes de bancos privados o empresas.

En algunas ocasiones, efectuaba visitas de cortesía a alguno de los miembros de la Suprema Corte, quienes manifestaban interés en ciertos asuntos de la relación bilateral. Cabe señalar que los ministros de la Embajada, o bien los agregados de diversas dependencias del Gobierno federal, tenían como responsabilidad el seguimiento de múltiples asuntos a cargo de la Embajada, y celebraban reuniones con funcionarios estadounidenses o bien con asesores de senadores y diputados. Lo cual les ocupaba una buena parte de su tiempo.

7.- ¿Qué nivel de funcionarios trataba en el Departamento de Estado?

Cuando era menester, trataba los asuntos de la relación bilateral directamente con el secretario de Estado o, en sus ausencias, o bien cuando era necesario, con los subsecretarios del ramo.

8.- ¿Tenía un enlace frecuente con otras dependencias?

Cuando la naturaleza de los asuntos lo ameritaba, tenía reuniones con los secretarios, o a veces por vía telefónica se daba seguimiento a ciertas negociaciones. Es pertinente anotar que una buena parte del seguimiento de los asuntos, cuyo planteamiento se iniciaba a nivel embajador-secretario, quedaba encomendado a los ministros, quienes posteriormente sostenían reuniones con los funcionarios que designara el secretario, tan frecuentemente como fuera preciso.

9.- ¿Y con la Casa Blanca?

Cuando era particularmente preciso se tenía contacto con funcionarios de la Casa Blanca, de conformidad con las características de los asuntos y los objetivos que se buscaran.

10.- ¿Cuáles fueron los contactos que más le sirvieron?

Aquellos con los que tuve el acierto de vincularme en amistad, por su profesionalismo, honorabilidad, vastas relaciones con legisladores, funcionarios públicos, directivos de medios de comunicación y que, además, manifestaban interés por la buena marcha de las relaciones México-Estados Unidos.

11.- ¿Con qué recursos económicos y humanos contaba para desarrollar su labor?

Es oportuno recordar que, en 1983, año en que inicié mis labores como embajador en Washington, el Gobierno de México enfrentaba severos problemas de carácter económico, derivados de situaciones financieras adversas y un entorno internacional desfavorable. Por consiguiente, se adoptaron en el sector público nacional medidas restrictivas en los presupuestos de egresos de todas las dependencias gubernamentales. Sin embargo, durante los seis años que estuve a cargo de la Embajada, la Secretaría de Relaciones Exteriores siempre hizo lo posible por atender las necesidades de recursos económicos y de personal que requería la Embajada para el cumplimiento de sus funciones.

Como era obviamente indispensable, se adoptaron medidas razonables de austeridad, sin perjuicio, en momento alguno, de la digna representación de México en Estados Unidos. Hubo, sí, la necesidad de aplazar la ejecución de proyectos, como el relativo a la construcción de un inmueble con la superficie que requería el crecimiento del personal tanto del Servicio Exterior Mexicano como de las agregadurías, y que cumpliera con una arquitectura y presentación apropiadas para la Embajada de México en Washington.

12.- ¿Qué secciones de la Embajada trabajaban más intensamente?

Con verdadera satisfacción y agradecimiento, recuerdo que todo el personal de la Embajada laboró siempre con intensidad, lealtad, eficacia y conducta institucional. De acuerdo con la evolución de los asuntos a cargo de cada sector, había periodos en los que era menester trabajar con mayor intensidad. Por su mayor nivel de responsabilidad, los ministros tenían, con demasiada frecuencia, cargas excesivas de trabajo y, pese a ello, cumplieron invariablemente con oportunidad y eficiencia. En justicia, y lo hago con agradecimiento, debo consignar, en particular, la valiosa colaboración que recibí de los entonces ministros Walter Astié-Burgos, Jorge Pinto Mazal, Leonardo French Iduarte e Ignacio Durán Loera.

13.- ¿Hubo recursos para contratar cabilderos?

Durante mi gestión como embajador, jamás solicité a la Secretaría de Relaciones Exteriores que asignara recursos para contratar cabilderos. Siempre consideré que, por muy diversas razones, el empleo de cabilderos no era conveniente al interés de nuestro país.

14.- ¿Cuál era su nivel de interlocución en el Gobierno mexicano?

Yo lo enumeraría de la siguiente manera: Con el presidente de la República y con algunos de sus cercanos colaboradores en las oficinas de la Presidencia; con el jefe del Estado Mayor Presidencial; en la Secretaría de Relaciones Exteriores, con el secretario del ramo, subsecretarios, oficial mayor, director general para América del Norte y con otros directores generales de la Secretaría. También con el representante permanente de México en la ONU y en la OEA; secretarios de Estado y, en sus ausencias, con los subsecretarios; procurador general de la República; senadores y diputados; presidente de la Suprema Corte de Justicia; gobernadores y directores generales de organismos descentralizados y empresas del Estado.

15.- ¿Qué fue lo más difícil en su trato con el Gobierno mexicano?

Nunca tuve una relación difícil en mi trato frecuente o esporádico con funcionarios que integraban el Gobierno mexicano. Como es natural y humano, en algunas ocasiones teníamos opiniones distintas sobre asuntos concernientes a la relación bilateral. Sin embargo, esto jamás condujo a situaciones que no pudiesen superarse mediante un diálogo amistoso.

16.- ¿Por qué casi nunca han sido buenas las relaciones entre el embajador en Estados Unidos y el Titular de la Cancillería?

En el curso de mi gestión como embajador, sostuve una relación cordial y de mutuo respeto con el embajador Bernardo Sepúlveda Amor, en aquel entonces secretario de Relaciones Exteriores. En nuestra muy frecuente relación de trabajo, era evidente que los dos teníamos como objetivo prioritario servir a la nación y colaborar con el presidente de la República, con el mayor acierto posible, en la atención de las diversas y complejas cuestiones que planteaba la relación entre México y Estados Unidos.

En las naturales diferencias que se presentaban en el análisis u opiniones relacionadas con algunos temas controvertibles, invariablemente encontrábamos un acuerdo común. Estimo que en nuestra continua relación de trabajo hubo siempre el propósito de ambos de sostener una relación afable y constructiva.

De igual carácter positivo fueron mis relaciones con el embajador Alfonso de Rosenzweig-Díaz, subsecretario de Relaciones Exteriores y a quien, conforme a sus funciones, correspondía estar al tanto de la relación bilateral. Con ese respetable funcionario tuve una relación constante y fructífera. Conservo un recuerdo grato de mi relación personal y de trabajo con el embajador Rosenzweig. Por largos años –treinta y siete- fue un funcionario del Servicio Exterior Mexicano que sirvió al país con eficiencia y lealtad ejemplares.

FIN DE LA ENTREVISTA

Capítulo 7
El TLC y la nueva forma de hacer política exterior

El gran viraje

A través de los embajadores de México en Washington, hemos efectuado, hasta ahora, un recorrido de casi veinte años de relaciones caracterizadas más por el conflicto que por la cooperación. Sin embargo, con el inicio de la Administración de Carlos Salinas de Gortari llegaría —en palabras de Francisco Gil Villegas- no solo el "deshielo", sino un "viraje de 180 grados" en las relaciones bilaterales./83

Algunas de las acciones del nuevo Gobierno mexicano en sus primeros meses —el plan para continuar la apertura económica, el encarcelamiento de líderes sindicales como *La Quina*, el reconocimiento del triunfo electoral de Ernesto Ruffo como gobernador de oposición en Baja California y la moderación del activismo mexicano en Centroamérica- dieron al presidente una imagen muy positiva en los Estados Unidos, misma que le proporcionó un capital político suficiente para avanzar en la dirección que él y George Bush trazaron desde su primer encuentro como presidentes electos, en noviembre de 1988: el "espíritu de Houston", una actitud basada en la intensificación de las coincidencias y la separación de las diferencias, a efecto de que un problema —por grave que fuera- no "contaminara" todo el resto de la agenda bilateral./84

El concepto de distinguir diferencias y coincidencias sería materia del discurso político mexicano prácticamente a lo largo de todo el sexenio salinista. El mismo presidente, con frecuencia, cuando se refería a las relaciones con la Unión Americana, resaltaba la nueva disposición entre los dos países "...que ha permitido cambiar nuestras complejas y difíciles relaciones, al destacar las coincidencias y al aprender a dirimir y respetar nuestras diferencias."/85

Paralelamente a los inicios de esta nueva filosofía, y antes de que el escenario político bilateral permitiera una aproximación más amplia con Washington, el Gobierno mexicano tendría que resolver el asunto internacional más importante del arranque del sexenio: el pago de la deuda externa. Desde marzo de 1989, el secretario del Tesoro de los Estados Unidos, Nicholas F. Brady, había sugerido un plan —denominado posteriormente "Plan

Brady"- para la reducción de la deuda, que poco tiempo después permitió a México disfrutar de la tranquilidad de una deuda renegociada, gracias a políticas más flexibles del Fondo Monetario Internacional y al acuerdo alcanzado, en julio de ese año, con la banca comercial./86

En el escenario mundial, el fin de la guerra fría habría de obligar a Europa Occidental a concentrarse en su entorno inmediato, ofreciendo a México pocas posibilidades de diversificar sus relaciones económicas hacia aquella región. La decisión de emprender el Tratado de Libre Comercio (TLC) la toma Salinas al percatarse de esta situación de manera directa, durante un viaje que él mismo realiza por Europa, en febrero de 1990./87

A pesar de que durante 1989 el presidente de México y su Gabinete negaron públicamente la posibilidad de un convenio comercial con Estados Unidos,/88 el 8 de marzo de 1990, Salinas decidió llamar por teléfono al presidente Bush para proponerle "dar el paso hacia la negociación de un acuerdo comercial completo", propuesta a la que el mandatario norteamericano respondió "con gran entusiasmo"./89 Pocos días después, la noticia sobre la intención de ambos Gobiernos se filtraría al *Wall Street Journal*, desatándose el debate público sobre el tema./90 En el influyente frente académico, la literatura sobre las relaciones bilaterales, que ya experimentaba cierto auge desde mediados de los ochenta, se multiplicó./91

De esta forma, ni el secuestro de Humberto Álvarez Machain, en abril de 1989, ni la férrea oposición de los sectores tradicionalistas de México, ni la hostilidad de los sindicatos y el Congreso estadounidenses habrían de frenar las negociaciones del revolucionario TLC. Ni siquiera la guerra en el Golfo Pérsico o la derrota electoral del presidente Bush. Con la entrada en vigor de este instrumento, en 1994, México, Estados Unidos y Canadá lograron crear "una estructura institucional de alcance regional, reguladora tanto de los aspectos económicos de las 'tres bilateralidades' como de materias medioambientales, laborales y de cooperación fronteriza (ecológica y financiera)"./92

El inicio de las negociaciones del TLC supone el comienzo de una nueva forma de ejecutar nuestra política exterior, que trasciende los asuntos económicos: ir hacia adelante, salir a todos los foros, cabildear, enfrente y detrás de bambalinas./93 No extraña que Lorenzo Meyer haya calificado 1990 como una "fecha histórica", por haberse producido lo que, en su concepto, fue un cambio en la definición del interés nacional de México frente a Estados Unidos./94

Había comenzado también –imposible ignorarlo- un episodio sin precedente de apertura democrática en México, impulsado vigorosamente por la sociedad civil y alentado, también, por el creciente escrutinio de la opinión pública internacional./95 Entre otros factores que dan cuenta de lo anterior, destaca la creación del Instituto Federal Electoral y de la Comisión Nacional de los Derechos Humanos, en 1990, así como los procesos de desregulación y privatización de empresas estatales, que disminuyeron el margen de control gubernamental sobre la economía. Esto fue dando lugar a otras acciones en el camino de la participación democrática en México, como la aceptación de que hubiera observadores electorales, nacionales y extranjeros, en las elecciones de 1994./96

El puesto se complica

En el contexto descrito arriba se circunscribe el nuevo papel del embajador de México en Washington, una figura que, tras el "viraje de 180 grados", adquirió un *potencial* extraordinario frente a los ojos de todos los actores políticos de los Estados Unidos de América, como un personaje central en la ejecución de la política mexicana. La explotación de dicho *potencial* dependerá de factores que analizaré más adelante y que no solamente tienen que ver con la capacidad personal del embajador en cuestión. Veamos algunos elementos que explican el contraste del puesto de embajador, antes y después del TLC.

En las entrevistas hasta ahora revisadas, Emilio O. Rabasa destaca las virtudes de su amistad con Henry Kissinger, mientras que José Juan de Olloqui se refiere al líder senatorial norteamericano, Mike Mansfield, como "un buen amigo de México." En el caso de Hugo B. Margáin, llama la atención el acceso que tuvo en la capital estadounidense, gracias a su experiencia previa como embajador y a su pasado político de alto nivel en nuestro país. Nadie pone en duda la utilidad de las 5 horas de diálogo que el embajador Bernardo Sepúlveda sostuvo con Reagan en el vuelo Washington-Los Ángeles o el variado nivel de interlocución que nos refiere Jorge Espinosa de los Reyes. Fueron contactos importantes que, en su momento, se buscaron en el marco de un legítimo esfuerzo de nuestros representantes diplomáticos por cumplir su deber y relacionarse al más alto nivel posible.

Sin embargo, los acontecimientos ocurridos tras el inicio de las negociaciones del TLC, obligan a mirar con una perspectiva diferente a los embajadores entrevistados en las páginas que siguen. Es decir, el hecho de que los países miembros del tratado comercial hayamos pasado de ser "amigos distantes", a "socios estratégicos",[97] trajo implicaciones en todos los órdenes de la relación con Estados Unidos, no porque el TLC haya resultado un instrumento global que todo lo modificó súbitamente, sino porque fue un detonador que multiplicó el número de actores políticos que ahora giran alrededor de un esquema permanente de comunicación con nuestro vecino del norte. Fue, también, una primera culminación de la "interdependencia inevitable" y de la "integración silenciosa" que, desde hace años, nos habían vaticinado algunos académicos.[98] Hoy, la denominada "institucionalización de la relación bilateral", es una realidad, pues la gran cantidad de mecanismos de cooperación gubernamental que ya existían antes del acuerdo comercial, se vio "coronada" por este capitel llamado TLC.[99]

Los embajadores de México han tenido que ajustarse a esta nueva época, en la que su cargo, como figura política, a pesar de haber adquirido nuevas potencialidades, los vuelve más vulnerables que nunca. Están enfrentados a una disyuntiva formidable: o se colocan en el terreno de la toma de decisiones y logran con su habilidad ser verdaderos coordinadores e interlocutores del Gobierno mexicano ante Washington, o bien permiten que la multiplicidad de actores estadounidenses y mexicanos los desborde, borrándolos del juego político en la toma de decisiones y desplazándolos hacia una posición de gestoría burocrática.

Basta revisar la estructura administrativa de nuestra Representación en Estados Unidos, para tener una idea de la encrucijada que pretendo describir: a principios de 1989, la Embajada contaba con un personal total de 60 servidores públicos, ubicados en una vieja casona adaptada —hoy sede del Instituto Cultural de México- en un barrio alejado de las principales agencias federales norteamericanas. Tan solo seis años después, en 1995, nuestra Embajada, un moderno edificio de ocho pisos ubicado a tres cuadras de la Casa Blanca, albergaba ya a 157 servidores públicos, incluyendo a los representantes de más de diez Secretarías de Estado, quienes cuentan con cierta autonomía y con sus propios interlocutores en los Estados Unidos.[100] La coordinación interna de este personal representa, por sí sola, una compleja tarea para el titular de la Embajada, no por el número de personal —incontables oficinas públicas son mucho mayores- sino por el hecho de que se trata de funcionarios y empleados que no pertenecen únicamente a la SRE, y la cadena de mando, aunque prevista claramente en la Ley del Servicio Exterior, tiende a perder solidez./101

Esta situación, no obstante, también tiene una cara positiva. Jorge I. Domínguez y Rafael Fernández de Castro perciben al vertiginoso aumento de funcionarios como una importante oportunidad en el trabajo del embajador: su espacio se convirtió en un gran centro coordinador: "Es más fácil para el embajador" –señalan estos autores- "convocar a una junta a todos los agregados de las distintas dependencias, quienes están bajo su supervisión directa, que para el secretario de Relaciones Exteriores, en la Ciudad de México, o para el secretario de Estado, en Washington, convocar a los miembros del Gabinete."/102

Tras las dos caras de la nueva estructura de la Embajada, el trabajo que frente a México tiene que desplegar el jefe de la Misión, también es doble: por un lado, debe buscar la unificación de criterios en la puesta en marcha de nuestra política exterior, ante tantos representantes de tantas dependencias federales, trabajando, todos, al mismo tiempo. Por otro, los cientos de funcionarios, empresarios, periodistas y estudiantes que llegan a Washington esperando recibir atenciones de la Embajada y de su titular, desbordan los recursos y las prioridades que el propio embajador tiene a su alcance.

Si a ello añadimos las gestiones que directamente le encargan al embajador el presidente de la República y el canciller, el trabajo administrativo y las decenas de invitaciones que diariamente llegan a su escritorio para que participe como ponente en los más diversos foros a lo largo de la Unión Americana, la situación parece complicarse./103

Frente a los Estados Unidos, la multiplicación de actores alrededor de la relación bilateral –medios de comunicación, organizaciones no gubernamentales, *think tanks*, etcétera- obligó al embajador a desplegar una intensa actividad de representación y cabildeo, al más alto nivel, no solo en todas las áreas que cubre el TLC, sino también con los sectores clásicos del ejercicio de la diplomacia, como el Departamento de Estado. Estos interlocutores, en la era del TLC, esperan que el titular de nuestra Representación diplomática sea la voz de México para hablar y explicar no únicamente cuestiones de política exterior, sino todos los aspectos de la política mexicana, en general. El perfil del embajador "post-TLC", por lo tanto, ha tenido que reunir algunas características que en el pasado no parecían indispensables.

Dos visiones de la prensa mexicana desde Washington

Al marco de trabajo anterior debe sumarse una parte fundamental en las nuevas formas de hacer política exterior: la relación con los medios de comunicación./104 Es cierto que el primer agregado de prensa llegó a la Embajada durante la época de Jorge Espinosa de los Reyes, cuando el panorama de críticas contra México se ensombreció en casi todos los órdenes. En ese entonces nuestra Representación diplomática no tuvo más alternativa que buscar la difusión de información a través de comunicados, emitidos a cuentagotas, y con la estricta observancia de México: "Era una época en que, según la leyenda, las notas negativas sobre México publicadas en los periódicos norteamericanos eran literalmente enviadas en cables cifrados", cuenta José Carreño Figueras, excorresponsal de *Notimex* en Washington y de *El Universal*./105 Carreño confirma que en el sexenio de Carlos Salinas de Gortari se dio un cambio absoluto en las relaciones de los embajadores con la prensa y resume de esta manera la época post-TLC:

Hace 16 años, la Embajada esperaba el apoyo de los corresponsales mexicanos como algo automático. Hace un año todavía trataba de "manejar" la información mediante comunicados. Hoy todavía no llega a una información completamente abierta pero, igual que el país, está en camino. La relación periodística que los embajadores han establecido ha pasado desde la amable lejanía para "mantener distancias", con Jorge Espinosa de los Reyes, hasta un bombardeo de comunicados de prensa, con Jesús Reyes Heroles y un cortejo literal por "*charm*" con Jesús Silva Herzog.

Creo que lo más importante en las relaciones embajador-prensa es que cada uno de los embajadores respondió a intereses y momentos históricos muy específicos. Su actuación no se puede desvincular de los problemas bilaterales que les tocaron o de las instrucciones que les dieron. Petricioli, por ejemplo, un político consumado cuya carrera ya no iba más arriba, era tan gregario y "grillo" como su jefe, el presidente Salinas, además de que vino a Washington con la encomienda de hacerse visible en la búsqueda y negociación del TLC. Su sucesor,

Jorge Montaño, un diplomático capaz, que debió enfrentar una serie de crisis, desde los asesinatos de Colosio y Ruiz Massieu, hasta los inicios de la crisis del peso y el levantamiento zapatista. Silva Herzog vino posteriormente, tomando a la Embajada como un semi-exilio y tal vez, por vez primera, como una representación de México y no del presidente. Entendió bien el carácter de Washington en términos de imagen e interacción social como parte del juego político-académico-económico. Le tocó enfrentar uno de los puntos más bajos en la imagen del Gobierno mexicano, por causas vinculadas a la crisis económica, a la corrupción y al narcotráfico.

Después vino Reyes Heroles, otra vez un cambio radical: de un embajador con una enorme personalidad social y política a un técnico, sin duda capaz, pero con una personalidad comparativamente gris y con tesis propias sobre el uso de la relación con la prensa como forma de trascender en un México que cambiaba día a día. Yo en todo caso diría que lo importante para un embajador mexicano en Washington en la época del TLC es que se dé cuenta –y actúe en consecuencia- de que esta ciudad no solo es de políticos, periodistas, cabilderos y académicos, sino que es una ciudad "incestuosa", donde lo social se mezcla con todo lo demás./106

Es interesante cómo la percepción de un observador ajeno a los círculos oficiales coincide con lo dicho por algunos embajadores, situación que, desde luego, facilita la detección de patrones. El periodista de *El Universal* destaca como factores determinantes en la actuación de un embajador las circunstancias por las que atravesó la relación bilateral en cada momento, así como las instrucciones recibidas. Sin embargo, no desconoce la importancia de los estilos personales.

Una visión distinta, pero que en líneas generales coincide con la anterior, es la de Dolia Estévez, corresponsal en Washington de *El Financiero* y otros medios desde hace años y excomentarista del programa radiofónico *Monitor*, entonces de enorme influencia en la opinión pública. Su percepción sobre los embajadores de México más exitosos, en la era del TLC, es contundente:

Si medimos el éxito con base en el acceso, tendríamos que concluir que fueron Petricioli y Montaño. Ambos tuvieron acceso directo al presidente de Estados Unidos, algo muy difícil para los diplomáticos acreditados en Washington. Recuerdo que Bush padre se refería a Petricioli con suma familiaridad, lo llamaba "Gus". Montaño ha sido el único del periodo, que yo sepa, que ha conversado a solas y sin agenda con un presidente estadounidense. Ambos tuvieron la ventaja de cosechar los primeros frutos de la nueva era telecista. A Petricioli le tocó la luna de miel entre Salinas y Bush padre, cuando, muy semejante a lo que vivimos ahora, Washington había adoptado la actitud de enfatizar coincidencias y minimizar diferencias.

En ese sentido, me atrevo a decir que quienes quiera que hubieran sido los embajadores en esos años, al margen de estilos y particularismos, hubieran tenido buena interlocución. Sin embargo, otros embajadores, en tiempos más difíciles y bajo condiciones menos amistosas, tuvieron éxito de manera distinta. Por ejemplo, Silva Herzog y Reyes Heroles. El primero, sin lugar a dudas, ha sido el más carismático y socialmente atractivo. Tuvo la habilidad de escamotear con estilo y humor los golpes contra México que le tocaron. Reyes Heroles, a su vez, fue dinámico y quizás uno de los que más "sacó" el trabajo diplomático fuera de Washington. Al final de su gestión había visitado casi todos los 50 estados de la Unión Americana./107

Estévez da su versión sobre las diferencias mostradas por los embajadores de México en cuanto a su relación con los medios de comunicación:

El trato de los dos embajadores de Salinas y de los dos de Zedillo reflejó la política de comunicación de los Gobiernos federales que representaron y, en menor grado, sus respectivas personalidades. Salinas, por ejemplo, tenía muy clara la importancia de una estrategia de medios y la impuso a todos sus colaboradores. Zedillo, en cambio, relegó a segundo plano el contacto con los medios nacionales e internacionales. En ese sentido, la relación de Petricioli estuvo supeditada al papel preponderante que jugaron los directores de Comunicación Social de la Presidencia. El segundo embajador del salinismo, Montaño, desarrolló un trato autónomo y moderno; introdujo el *spin* al estilo gringo. El primer embajador de Zedillo, Silva Herzog, proyectó su personalidad: informal y atrevido; hizo declaraciones no autorizadas y controvertidas. Reyes Heroles, fue el polo opuesto de su antecesor. Para resumir: Petricioli fue alineado, Montaño confiado, Silva Herzog rebelde y Reyes Heroles inseguro.

¿Qué es lo que más y lo que menos ha gustado? Diría que la regla de oro para cualquier profesional del oficio es el acceso a la información veraz y oportuna, aún cuando sea para no atribución. Lo peor que pueden hacer, y algunos han cometido ese error, es negar la información, ocultarla o amañarla. O, lo que es igualmente desdeñable, darle preferencia a los medios extranjeros. En Washington, quizás más que en otras capitales, los medios son parte decisiva del juego político. Lo del "cuarto Estado" no es un cliché sino una realidad. En ese sentido, es tan importante cultivar buenas relaciones con los medios de ambos países como con el Capitolio u otros grupos de poder. ¿Cómo lograrlo? Creo que no hay fórmulas mágicas. Sin embargo, algo que he visto que funciona bien es cultivar relaciones personales con la gente. La hospitalidad y cordialidad que caracterizan a nuestros diplomáticos es, sin duda, un gran activo en una ciudad en donde las percepciones a veces pesan más que la realidad./108

Este es el análisis *in situ* de dos calificados observadores que, por más décadas, han participado directamente en la formación de la opinión pública de nuestro país sobre el tema que nos ocupa. Han descrito el nuevo contexto en el que los embajadores de México saltan a la escena: el Washington del TLC, una ciudad "incestuosa" en la que lo más importante son las percepciones.

Capítulo 8

<u>Gustavo Petricioli: alma de republicano</u>

Como hemos visto en páginas anteriores, la primera *revolución silenciosa* ocurrida en la Embajada de México la encabezó Bernardo Sepúlveda. Petricioli se encargó de abanderar lo que bien podría llamarse la segunda revolución en nuestra Misión diplomática. Esta vez, sin embargo, el *silencio revolucionario* quedó totalmente al margen: a tan solo cuatro meses de su llegada a Washington, Petricioli finiquitó la compra de un edificio para la Embajada por un monto de 16 millones de dólares, anunció el incremento sustancial del personal a su cargo, organizó una de las fiestas más concurridas que hasta entonces se recordaban en la historia de la embajada y puso fecha a la primera visita de Estado a Washington del presidente Salinas./109 Las primeras declaraciones a la prensa del nuevo embajador no pudieron ser más elocuentes:

> Aquí no se puede uno conformar con la relación con el Departamento de Estado, hay que hacer trabajo en el Congreso, con los empresarios, con la comunidad académica y con la sociedad en su conjunto. La diplomacia en Washington ya no es como la vieja diplomacia europea. Hay que quitarnos el chaqué./110

¿De dónde emanaba el sustento político para tal despliegue de recursos y tanta seguridad en sí mismo? Tras concluir su carrera de Economía en el ITAM, Gustavo Petricioli consiguió un trabajo en el Banco de México como auxiliar de estadígrafo. Luego de diez años de haberse graduado como maestro en Yale y pasar por varios cargos, fue nombrado director general de Estudios Hacendarios en la SHCP, a donde más tarde Hugo B. Margáin lo designaría subsecretario de Ingresos, para convertirse, en 1986, en el secretario de Hacienda de Miguel de la Madrid. No fue una carrera de saltos, sino de pasos y de mucho tiempo, que le permitió conocer a fondo los entretelones del Gobierno./111

Como se ha visto en el capítulo 1, desde su época de estudiante en la Universidad de Yale, Petricioli se vinculó estrechamente con lo que, años después, se convertiría en la élite del poder en México. Si para Miguel de la Madrid, Alfredo del Mazo era "el hermano menor que nunca tuvo" –dicen los analistas políticos- "Petricioli es el hermano mayor que necesitó", el consejero, el único miembro de su Gabinete que estuvo en los cuatro bautizos de los hijos de De la Madrid./112

La cercanía de Petricioli con Salinas también era manifiesta. Además del testimonio que sobre esto hay en la entrevista que sigue, bastaría revisar las menciones, siempre en buenos términos, que el propio Salinas hace de Petricioli en sus memorias. Destaca, en particular, la referencia que hace el expresidente de cuando Petricioli fue a su oficina para manifestarle su apoyo para la candidatura presidencial, siendo Salinas todavía secretario de Programación y Presupuesto en el Gobierno delamadridista./113

De alguna manera ya he descrito, en el capítulo anterior, el marco general de las relaciones México-Estados Unidos al iniciar la gestión de Petricioli al frente de la Embajada. Cabe señalar, sin embargo, que el "Espíritu de Houston" surgido con el inicio simultáneo de las Administraciones Salinas y Bush, si bien compartamentalizó la relación, no la exentaría de diversos problemas a los que Petricioli, como embajador, tuvo que hacer frente./114

En abril de 1990, el secuestro del médico mexicano Humberto Álvarez Machain, escaló rápidamente hacia los más altos niveles en ambos Gobiernos y generó fuertes críticas en todos los sectores de la sociedad mexicana. El punto más álgido se alcanzó cuando, en junio de 1992, la Suprema Corte de Justicia de los Estados Unidos avaló el secuestro, desvinculándolo del proceso penal seguido contra Álvarez en las cortes federales norteamericanas./115 El Gobierno mexicano anunció la suspensión general de la colaboración antidrogas con Estados Unidos hasta lograr que este accediera a una revisión acuciosa del tratado de extradición, lo que ocurrió 24 horas después./116

Otros acontecimientos ocurridos durante el periodo de Gustavo Petricioli fueron la condena de México a la invasión estadounidense a Panamá, el apoyo de ambos países para la mediación de las Naciones Unidas en el conflicto de El Salvador, el lanzamiento de la Iniciativa para las Américas, el establecimiento del Grupo de Alto Nivel sobre Violencia Fronteriza, el fortalecimiento de los consulados mexicanos, la aproximación a las comunidades de origen mexicano para la promoción del TLC y el polémico tema energético en dicho tratado comercial./117

El diálogo que presento a continuación es con Walter Astié Burgos, un embajador de carrera que ha pasado la mayor parte de su larga trayectoria diplomática vinculado a los Estados Unidos: de 1982 a 1986 fue ministro para asuntos políticos en nuestra Embajada en Washington; de 1986 a 1989 ocupó el cargo de director general para América del Norte en la Cancillería y, en 1989, es designado para asumir un puesto creado por Petricioli: embajador alterno de nuestra Representación diplomática en la capital estadounidense.

Astié trabajó como tal durante toda la gestión de Petricioli e incluso lo acompañó hasta el final de su carrera, colaborando con él en Caminos y Puentes Federales, en Cuernavaca. Establecieron una excelente relación de trabajo y una estrecha amistad. Lo que sigue, por lo tanto, es la visión del excolaborador y del amigo. Sin embargo, los no pocos elementos aportados por el embajador Astié en este diálogo dan cuenta de su innegable honestidad intelectual.

GUSTAVO PETRICIOLI
-embajador de México en Estados Unidos-
1989-1993

Entrevista con el embajador Walter Astié Burgos/118

1.- El objeto original de esta entrevista era hablar sobre la gestión de Gustavo Petricioli Iturbide como embajador de México en Washington, cuyo embajador alterno fue usted. Sin embargo, no voy a desaprovechar el hecho de que usted trabajó muy de cerca también con otros embajadores mexicanos en Washington, por lo que también, si me permite, abordaré algunos otros temas conexos. Muchas gracias por esta libertad y, en especial, por dejarme ver, a través de sus ojos, la gestión del embajador Petricioli. Si le parece bien, podríamos comenzar conociendo un poco sobre el contexto de la llegada de usted a Washington y la primera impresión que le causó nuestra Embajada allá.

Llegué a la Embajada por invitación de Hugo B. Margáin, con quien trabajé en Londres. Habíamos hecho una muy buena relación de trabajo y él pidió mi traslado. Sin embargo, por diversas complicaciones burocráticas, ya no llegué con él, sino justo al día siguiente de la llegada de Bernardo Sepúlveda como embajador.

Vistas ahora las cosas en retrospectiva, me parece que ha habido una importante evolución de nuestra Embajada en los Estados Unidos, no solo antes y después del Tratado de Libre Comercio, sino, más bien, antes y después del fin de la guerra fría. Si bien, de todas, era nuestra Embajada más importante, su dinamismo, presencia y perfil eran muy bajos en Washington y ello obedecía a la poca prioridad que México tenía en la agenda política del Departamento de Estado y de la Casa Blanca. A lo largo de la guerra fría –como lo describo tanto en mi libro *México en el Siglo XXI; orden Mundial y Política Exterior* y en mi artículo "Perfil y formación del diplomático en el nuevo siglo" (*Revista Mexicana de Política Exterior*, No. 60, junio de 2000, pp. 27-30), la difícil situación internacional de carácter bipolar en ese periodo hizo necesario que nuestra actuación   –como la de la mayoría de los países- fuera sumamente formal, de carácter meramente representativo, no dinámica, no agresiva y poco participativa en la vida política de Washington./119

Los contactos con el Gobierno del lugar, el Congreso, los medios de comunicación, los *think tanks*, la academia y los demás actores de las relaciones bilaterales, eran sumamente escasos y se reservaban únicamente para el embajador. Hugo Margáin era sumamente popular en los altos círculos, pero hasta ahí.

Cuando yo llegué a Washington, a fines de los años setenta, me di cuenta que nuestra Embajada era la típica Representación mexicana de la guerra fría, incluso me recordó a la lúgubre casona que hasta la fecha alberga la Embajada rusa en México. Había personal de muy bajo perfil, escasos recursos y muy poca o ninguna organización interna para llevar el seguimiento de la agenda bilateral por tipos de asunto.

A mi llegada, me percaté de la absoluta falta de sistematización en el manejo, por ejemplo, de la correspondencia. Se encontraba uno en los escritorios con grandes torres de papeles acumulados, desde notas diplomáticas del Departamento de Estado, hasta tarjetas postales. No era tanto un descuido como una falta de metodología en el manejo de la información, y pongo este ejemplo porque ilustra un hecho sobre la dinámica de la relación oficial con Estados Unidos: en ese momento se percibía que realmente no se requería de una particular sistematización. Hugo B. Margáin era un buen embajador, sin duda, con un perfil muy, muy social, y excelentes contactos.

2.- ¿Cuándo se produce el cambio de ese "bajo perfil" que usted describe?

Sin duda, en 1982, cuando llegamos con Bernardo (Sepúlveda). Para entonces, hay que recordar que se habían registrado una serie de importantes cambios, principalmente el hecho de que la guerra fría se estaba acercando a su fin. Aunque objetivamente eso estaba ocurriendo, en el momento, las apariencias fueron las contrarias, pues la llegada al poder de Ronald Reagan se interpretó como el recrudecimiento y prolongación de la guerra fría, lo que en realidad constituyó el último ímpetu final de la misma. En mi libro *México en el Siglo XXI* trato esto con amplitud./120

Otro elemento importante en el contexto de la Embajada es que se registró un cambio generacional relevante: Margáin y su equipo —en general- era gente que se había formado en el periodo de la Segunda Guerra Mundial y había vivido el surgimiento de la guerra fría, en cambio Bernardo y compañía éramos personas que habíamos nacido y estudiado después de dicha guerra mundial, y que ya habíamos vivido otros fenómenos que hacían ver que la guerra fría se enfilaba a su desaparición. Por consiguiente, ya no teníamos la rigidez ni los temores de la visión bipolar de las generaciones pasadas. Otra característica del nuevo equipo era la de su preparación e inclinaciones académicas; en épocas pasadas, para ingresar al Servicio Exterior no se exigía un título universitario y el aspecto académico no se consideraba importante. Los llegados con Bernardo Sepúlveda eran todos universitarios y, comenzando por él, a pesar de la corta edad, habíamos sido profesores. Consecuentemente, el enfoque que se le dio al trabajo cotidiano fue muy distinto al anterior.

Con la llegada de Bernardo Sepúlveda, se registró un gran cambio, que sentó las bases para la evolución futura de la Embajada. Bernardo llegó con muchísima gente, como he dicho, de un nivel intelectual y profesional sensiblemente superior al promedio de funcionario que hasta entonces trabajaba allí. Hablo de gente como Ignacio Villaseñor, Claude Heller, Manuel Rodríguez Arriaga, Miguel Ángel Olea, etcétera. Todo ellos llegaron con Sepúlveda. Se abrieron muchas plazas nuevas y, por primera vez, se dividieron claramente las funciones de cada uno. Por primera vez hubo un encargado de prensa, por ejemplo. Antes, fuera de las relaciones que tuviera el embajador, la prensa norteamericana no contaba con interlocutor alguno. También se nombraron a encargados del seguimiento de la política interna y de la política exterior de los Estados Unidos. Los recursos de México fluían con gran facilidad. Dejaron de ser un problema.

Otro cambio importante fue el comienzo de la participación de miembros de la Embajada en distintos foros, políticos o académicos. Antes, cuando se recibía una invitación de esa naturaleza, había que pedir permiso al subsecretario e incluso enviar el texto del proyecto de ponencia para su autorización. Don Alfonso de Rosenzweig –distinguido subsecretario- casi siempre mandaba decir que no había permiso. Ese cambio fue también fundamental.

3.- ¿Cree usted que Sepúlveda fue enviado a Washington para ser preparado como canciller?

Sí, totalmente. Recuérdese que Bernardo no duró ni un año como embajador. Estuvo de febrero a noviembre de 1982. Luego llegó Jorge Espinosa de los Reyes, íntimo amigo del presidente De la Madrid, quien heredó la estructura ya establecida por Sepúlveda. Hubo cambios de funcionarios, pero la estructura institucional de la Embajada se mantuvo.

4.- Pasando al periodo de Petricioli, ¿qué parte académica o laboral del currículum del embajador Petricioli cree usted que le sirvió más para ejercer las funciones de embajador?

Me parece que su amplia experiencia en el manejo del problema más importante que ha enfrentado México con respecto a los Estados Unidos en diversos periodos: la deuda externa. Esa experiencia le permitió a Gustavo desarrollar una sensibilidad política extraordinaria, además de relaciones personales que resultaron de incalculable valor en su desempeño como embajador. Por ejemplo, la estrecha amistad que cultivó con James Baker, primero secretario del Tesoro y luego, poderoso secretario de Estado del presidente Bush.

5.- ¿Cuál fue el vínculo político que le permitió llegar a ese cargo?

Desde sus años en la Secretaría de Hacienda, Petricioli tenía una relación cercanísima con Carlos Salinas y con José Córdoba. No me cabe la menor duda de que fue ese vínculo político el que condujo a su nombramiento, además de las cualidades que ya mencioné.

6.- ¿Cuál diría usted que fue la misión que se le encomendó a Petricioli y hasta qué grado considera que la cumplió exitosamente?

Es necesario hacer algunas menciones generales sobre la herencia del Gobierno anterior, encabezado por Miguel de la Madrid, para ubicar el contexto en el que llegó Petricioli a la Embajada, el ambiente que permeaba en las relaciones bilaterales y la misión que se le encomendó al nuevo embajador.

Uno de los temas centrales con Estados Unidos al final de la década de los 80 era la deuda externa. Hubo momentos cruciales en los que existió la posibilidad de optar por la moratoria. Afortunadamente, la renegociación de la deuda en el sexenio de Miguel de la Madrid logró aminorar considerablemente esta presión. Pero la deuda no fue, claro está, el único tema que provocó tensión. Hubo muchos, muchos más. Fue un sexenio difícil que se desarrolló en el contexto de la compleja coyuntura internacional de los ochentas. No voy a enumerar todos los problemas que hubo en la relación bilateral en ese periodo; son tantos que hasta un libro escribí sobre el tema./121 Menciono algunos: el asesinato del agente de la DEA, Enrique Camarena, las audiencias organizadas por el senador Jesse Helms, el activismo mexicano en Centroamérica a través del Grupo Contadora, las claras diferencias en política internacional y, como consecuencia de lo anterior, la complicada relación personal que se dio entre el entonces secretario de Estado norteamericano, George Shultz y nuestro secretario de Relaciones Exteriores, Bernardo Sepúlveda. Estos factores, entre otros, conformaron un escenario muy complejo que duró hasta el fin del sexenio delamadridista. De ahí quiero derivar mi respuesta a la pregunta.

Gustavo Petricioli, en mi opinión, llega a Washington con la misión de mejorar los términos de la relación bilateral con los Estados Unidos. En este sentido, ayudó mucho la llegada de George Bush a la Casa Blanca, pues también buscó el establecimiento de una nueva actitud frente a México. De esta manera, el embajador mexicano en Washington se concentró en el restablecimiento de vínculos cordiales con los americanos, requisito indispensable para avanzar en lo que se convertiría en su siguiente misión: ser intermediario, interlocutor y cabildero en el proceso de lanzamiento de la iniciativa del Tratado de Libre Comercio.

7.- ¿Qué fue lo más complicado para posicionarse como embajador en EUA? ¿Cómo se sintió con relación a otros embajadores en Washington?

El don de gentes que tenía Petricioli lo he visto muy pocas veces en mi vida. Su sensibilidad para captar actitudes también era muy destacada. Casi diría que a Petricioli solo le bastaba ver a una persona para saber por dónde abordarla y de qué manera. Recuerdo que cuando a mí me invitó para ser su embajador alterno, iba yo pensando en que sostendríamos una entrevista normal, de una hora más o menos. Bueno, pues el encuentro duró 4 horas, en medio de una amenísima plática, al calor de los cafés y de los indispensables —e innumerables- cigarrillos que se fumaba Gustavo.

Por eso no podría yo decir que hubo *algo* especialmente complicado para él para colocarse en su posición de embajador de México. Es más, a este don de gentes se le sumó un factor determinante para lo que estoy afirmando: James Baker, exsecretario del Tesoro y amigo personal de Petricioli, fue nombrado por Bush secretario de Estado. Baker literalmente le abrió a Petricioli las puertas del Departamento de Estado, a todos los niveles. Aún las puertas de la Casa Blanca, cuando era preciso. George Bush identificaba perfectamente, por nombre, a Gustavo e incluso le llamaba afectuosamente "Gus". En efecto, la combinación de su carisma con sus relaciones de alto nivel, facilitó que Petricioli se echara a la bolsa, rápidamente, a toda la Administración republicana.

8.- ¿Cuál era su nivel de interlocución en Washington? ¿A qué nivel trataba diariamente con el Departamento de Estado? ¿Tenía un enlace cotidiano con otras dependencias? ¿y con la Casa Blanca? ¿Cuáles fueron los contactos que más le sirvieron?

Bueno, como dije antes, el embajador tenía espléndidas relaciones, al más alto nivel. Sin embargo, esta cordialidad no quería decir, en modo alguno, que Petricioli les llamaba todos los días al presidente y al secretario de Estado. Justo es decir que Baker lo recibió siempre que le pedía audiencia. Por lo demás, Petricioli se manejó bien en los niveles institucionales que le correspondían. Entre las mejores relaciones que recuerdo que tenía, está la amistad que construyó con Bernard Aronson, subsecretario de Estado para Asuntos Anteramericanos y también con Sally Grooms, subsecretaria adjunta para México y el Caribe. Sally, a quien conocí desde que trabajaba en la Embajada de su país en México, y a quien consideré una gran amiga de México, le dispensaba al embajador Petricioli una cortesía sin precedentes: cuando quería tratarle algún asunto, ella se trasladaba del Departamento de Estado a la Embajada y no viceversa. Ello ilustra la consideración que la Administración republicana le tenía a Petricioli. Otra relación especialmente importante se debió a que el secretario Baker designó a su consejero especial, Robert Zoellick, para tratar con Petricioli todos los asuntos relacionados con México. Este conducto resultó ser un canal de interlocución privilegiado, pues Zoellick era un "hombre fuerte" y de toda la confianza del secretario de Estado.

9.- ¿Con qué recursos económicos y humanos contaba para desarrollar su labor? ¿Qué secciones de la Embajada trabajaban más intensamente? ¿Hubo recursos para contratar cabilderos, por ejemplo?

Gustavo llegó a la Embajada con ideas bastante claras sobre el desarrollo operativo de su trabajo. Sin duda, tuvo siempre todo el apoyo de Presidencia de la República. Lo primero que hizo fue pedir un embajador alterno, para que este fuera el responsable directo de la enorme cantidad de papeleo que se genera en una Misión diplomática como la de Washington. El nombramiento de embajador alterno —el primero que se hizo en la historia de la Embajada- recayó en tu servidor y, desde un principio, fui instruido para manejar todo lo referente a la relación burocrática y administrativa con la Secretaría de Relaciones Exteriores. Desde luego, todas las cuestiones de esa índole que a mi criterio eran relevantes, las acordaba yo con el embajador. Pero la idea central que quiero expresar aquí es que Petricioli delegó la revisión y firma de todos los documentos de rutina, un estilo muy distinto al que tenía, por ejemplo, Don Jorge Espinosa de los Reyes, a quien le gustaba revisar y firmar absolutamente todo.

El segundo paso en el estilo de trabajo del embajador que nos ocupa, fue pedirle al presidente de México la designación de representantes, acreditados como ministros, de algunas Secretarías de Estado que él consideraba debían contar con oficinas allí. Algunos ya existían, pero fue con la Administración Petricioli cuando llegó a la Embajada una gran desconcentración de funciones y creo que todas las áreas trabajaron con intensidad. Dentro del Servicio Exterior se generó un debate por el alto rango con el que se estaba designando a estos representantes, quienes en estricto sentido debían ser consejeros, pues esa era la función principal que se les encomendó. Sin embargo, Gustavo lo que buscaba era darles un nivel y una remuneración elevadas, además de que decidió obsequiarles toda su confianza en el trabajo diario.

La Embajada, además de producir las grandes carpetas informativas en materia política que antes elaboraba, comenzó a mandar a Presidencia de la República un informe quincenal de no más de 2 hojas: el original era para la oficina de José Córdoba, y una copia para el canciller Solana.

Por lo que se refiere a la contratación de cabilderos, realmente Gustavo no tuvo que ver en ello. Él era el mejor cabildero a nivel político y desplegó un gran esfuerzo que, sin duda, rindió sus frutos, en combinación con el decidido apoyo que recibió del presidente Salinas. Recuérdese que los problemas políticos que surgieron en Estados Unidos con el anuncio sobre la intención de firmar un Tratado de Libre Comercio, nos tomaron por sorpresa. Realmente nadie esperaba la enorme y variada oposición que surgió en los más diversos círculos estadounidenses a nivel político. El Gobierno mexicano estaba muy bien preparado para entrar al debate comercial. Fue entonces cuando se creó la oficina para la negociación del TLC, la cual —para los temas comerciales- trabajó con bastante independencia en el periodo de Petricioli, incluyendo la cuestión de la contratación de cabilderos.

10.- Ahora que menciona usted el TLC, viene a mi mente una de las críticas más frecuentes que he oído sobre Petricioli como embajador. Se refiere a que puso —como se dice coloquialmente- "todos los huevos en una canasta", en este caso, apostándole cien por ciento a la reelección de George Bush y reportando a México que los republicanos ganarían los comicios presidenciales, sin ninguna duda. ¿Qué diría usted al respecto?

No creo que sea una apreciación exacta. ¿Cómo íbamos a estar convencidos de la reelección de Bush, si entre quienes observábamos la realidad política de Estados Unidos había señales claras de que los republicanos podían perder? Bastaba ver los noticieros y leer los periódicos para darse cuenta de ello. Ahora bien, me parece que la certidumbre sobre la victoria de Bush existía más bien entre algunos miembros del Gabinete mexicano y quizás en el propio presidente Salinas. En ese sentido, obvio es que a Petricioli le incomodaba contradecir la percepción del presidente y, en su caso, la del Gabinete presidencial, pero cumplió: si se revisan los informes políticos de la Embajada durante ese periodo, podrá constatarse que nosotros nunca reportamos a México —es decir, a Presidencia y a Cancillería- la victoria segura de Bush.

11.- ¿Cuál era el nivel de interlocución de Petricioli en el Gobierno mexicano?

Para los asuntos cotidianos, José Córdoba. Tanto con Salinas como con Córdoba se tuteaba y, como dije antes, su relación era muy cercana desde los largos años de Petricioli en Hacienda. Con José Córdoba tenía trato constante, pero también hablaba constantemente con el canciller, Fernando Solana. Petricioli era muy buen amigo de prácticamente todos los altos funcionarios del círculo más cercano al presidente de la República: Jaime Serra, Ángel

Gurría, Pedro Aspe, Guillermo Ortiz, etcétera. Eso facilitó mucho las cosas para que su nivel de interlocución cotidiano fueran los secretarios de Estado.

12.- ¿Qué fue lo más difícil en su trato con el Gobierno mexicano?

Creo que una de las tareas más difíciles siempre ha sido la de lograr una buena y adecuada coordinación: en las complejas y vastas relaciones con los Estados Unidos intervienen un gran número de actores, y muchas veces resulta difícil coordinar todas las opiniones e instancias. Lo mismo es válido en el caso norteamericano. Este problema tradicional se hizo más agudo durante la gestión de Petricioli, puesto que el nivel de las relaciones se incrementó notablemente con las negociaciones del TLC: un gran número de actores gubernamentales y no gubernamentales comenzó a participar en el proceso.

Fue obvio que en muchos aspectos y temas no siempre estuvieron de acuerdo todos esos actores, y ello no solo provocó descoordinación, sino también fricciones. Frente a esa realidad, el presidente en turno muchas veces tuvo que intervenir directamente, bien en persona o a través de Córdoba, para resolver las diferencias de opiniones, tomando partido por alguna de ellas. En sus memorias, el propio presidente Salinas se refiere a "los grupos más tradicionalistas de la Cancillería", y en ese sentido en varias ocasiones impartió instrucciones al embajador en Washington sin hacerlo del conocimiento de la Cancillería, derivándose de ello fricciones y malos entendidos entre la Embajada y Tlatelolco. Para efectos de la pregunta, creo que no interesa entrar en detalles, pero para dar una idea de la magnitud de los problemas que esta situación generó, quizás es relevante señalar que las fricciones a las que me refiero, en varias ocasiones, condujeron a que Petricioli amenazara con renunciar.

13.- ¿Por qué casi nunca han sido buenas las relaciones entre el embajador en EUA y el titular de la Cancillería? ¿Qué hacer para mejorarlas?

Me parece que el nivel de los temas que se manejan en Washington hace indispensable que el embajador tenga que llamarle directamente al presidente de la República. Muchos asuntos, simplemente, no aceptan intermediación alguna. Hay también estilos personales, hombres sencillos, hombres protagónicos, hombres más -o menos- interesados en ciertos aspectos de la relación con el vecino del norte, etcétera. Me viene a la mente el ejemplo de Don Jorge Espinosa de los Reyes; a pesar de ser un íntimo amigo personal del presidente De la Madrid, ha sido de los embajadores más renuentes a hablar directamente a las oficinas presidenciales. Siempre buscaba privilegiar las vías más institucionales.

Pero más allá de los estilos personales de cada embajador, yo tengo la impresión de que las relaciones entre el embajador mexicano en Washington y el canciller, en mucho dependen de cómo quiera jugar sus cartas el presidente de la República entre sus propios colaboradores. Me explico: muchas veces se dice que los embajadores en Washington le llaman al presidente, "saltándose" al canciller y que eso es una conducta reprochable y poco institucional por parte de estos funcionarios. Pero no siempre se piensa en el hecho de que en ocasiones es el presidente mismo el que le llama con insistencia a su embajador en Washington para darle indicaciones. Salinas, por ejemplo, llamaba a su embajador con una frecuencia sorprendente. ¿Qué va a hacer el embajador? ¿No tomarle la llamada al presidente? El asunto de las relaciones embajador-canciller yo lo veo más desde el punto de vista del estilo del presidente.

FIN DE LA ENTREVISTA

Capítulo 9

Jorge Montaño: el embajador del TLC

Jorge Montaño ha resultado ser el embajador *sui generis* de esta serie de entrevistas. Es el único embajador de carrera de todo el periodo, aunque su designación no obedeció a ello, sino a su cercana amistad con Carlos Salinas de Gortari y con José Córdoba, por un lado, y a sus estrechos vínculos políticos con miembros del Partido Demócrata estadounidense, un partido que muy pocos en la Administración Salinas se habían preocupado por cultivar. Cuando el triunfo de Bill Clinton toma por sorpresa a buena parte del Gobierno mexicano, Montaño se convierte en pieza clave para el trato con nuestro vecino del norte.

Sui generis también porque nuestro entrevistado es el que más específica misión ha tenido: la aprobación del Tratado de Libre Comercio, y en tal virtud, desarrolló una labor relativamente breve –dos años- pero muy intensa. Cumplir su cometido significó para él pasar a la historia como un embajador efectivo. Su antecesor, Gustavo Petricioli, había cumplido la misión de echar a andar la estrategia gubernamental básica en apoyo al TLC, aproximándose a todos los niveles de la Administración republicana y estableciendo, al mismo tiempo, amistades personales muy estrechas con gran número de funcionarios. Sin embargo, el "romance" con los republicanos, que le valió un gran reconocimiento a Petricioli, paradójicamente le costaría el cargo./122

Había llegado a la Casa Blanca Bill Clinton, el joven demócrata que rompió con doce años de presidencias republicanas; el exgobernador de Arkansas que logró convencer al implacable elector norteamericano de los fracasos de George Bush en la economía nacional, exhibiéndolo como un triunfalista en política exterior que había desatendido los problemas internos y como un mentiroso que permitió el alza de impuestos, un desempleo creciente y el resquebrajamiento del sistema de Seguridad Social./123

Montaño vivió la época del esfuerzo de cabildeo más importante en la historia de la política exterior de México y disfrutó la victoria que trajo la aprobación del TLC, pero también pasó varios tragos amargos. En el frente internacional, México condenó enérgicamente la Ley para la Democracia en Cuba —conocida como Ley Torriccelli-, contraponiéndose a la política norteamericana para sancionar a las subsidiarias de empresas estadounidenses que comerciaran con Cuba./124 Entre otras batallas con los medios de comunicación, nuestro embajador tuvo que soportar el sensacionalismo de la prensa y los medios electrónicos de Estados Unidos sobre el levantamiento del EZLN, con todas las consecuencias de imagen que ello acarreó./125

En materia migratoria, el debate y la aprobación de la Propuesta 187, en California, así como los operativos antiinmigrantes en la frontera, implicaron un reto mayor de protección para el Gobierno mexicano, que dominó parte de la agenda de la Embajada de México en el diálogo con las autoridades federales de justicia./126 En la época de Montaño, se producen también los asesinatos de Luis Donaldo Colosio y José Francisco Ruiz Massieu, el proceso electoral de 1994 –que puso a México bajo la observación del microscopio internacional– y el principio de la devastadora crisis económica, desatada en diciembre de ese mismo año. Ese fue el periodo de Jorge Montaño en Washington. Dos años que, por su intensidad, parecieron dos lustros.

En la entrevista presentada a continuación, el embajador aborda algunos de estos aspectos. Comenta las relaciones que le permitieron llegar a la titularidad de la Embajada en Washington, habla de sus principales aliados en las dependencias gubernamentales norteamericanas y describe "la única condición" que le puso al presidente de México para aceptar el cargo. Veamos pues, el testimonio directo del diplomático de carrera que rompió con la tradición curricular de todos sus antecesores en el periodo aquí examinado.

JORGE MONTAÑO

-embajador de México en Estados Unidos-

1993-1994/127

1.- ¿Qué parte académica o laboral de su currículum le sirvió más para ejercer las funciones de embajador?

Fue una combinación de muchas cosas. Laboralmente, creo que lo que más me sirvió fue haber tenido una experiencia de 15 años en la Secretaría de Relaciones Exteriores, en particular, en el área multilateral. Fui director general de Organismos, director en jefe y delegado en muchas reuniones de orden político. Participé durante 7 años en las sesiones de la Asamblea General de Naciones Unidas, en Nueva York, en donde se tienen muchas oportunidades de negociar muy de cerca diversos temas y hacer, al mismo tiempo, valiosos contactos, incluyendo el trato con funcionarios norteamericanos.

Más adelante, cuando fui representante permanente de México en la ONU, tuve la oportunidad de fortalecer muchos de los contactos anteriores y hacer otros nuevos. Traté con varios representantes de los Estados Unidos temas tan delicados como derechos humanos, desaparecidos y refugiados. El foro multilateral es muy interesante porque permite al representante de México moverse en muchas arenas, incluso fuera de Nueva York. Me acuerdo, por ejemplo, que cuando México formó –junto con España, Venezuela y Colombia- el Grupo de Amigos del secretario general de la ONU para el proceso de paz en El Salvador, los representantes de estos países me eligieron como su enlace para ir a Washington a exponer nuestro punto de vista ante los senadores y congresistas norteamericanos. También, con Colombia, tuve la oportunidad de participar en la organización de una Conferencia especial sobre drogas, en 1990, que fue la gran predecesora de la Asamblea General Extraordinaria que México impulsó algunos años más tarde, durante la administración del presidente Zedillo. De esa reunión salió un mandato de los estados miembros de crear un grupo para reformar las estructuras de la ONU que atendían el tema del narcotráfico. Ese grupo que me tocó presidir tenía dos representantes de Estados Unidos.

Otra cosa que recuerdo, especialmente dentro de mi actividad en la ONU, fue hacer una campaña para asegurar la elección de México en el Consejo de Seguridad. Logramos construir los consensos necesarios para obtener el apoyo del grupo latinoamericano pero –como se sabe- declinamos en favor de Venezuela, como parte de una estrategia que nos permitiera ocupar nuestro capital político en las negociaciones del Tratado de Libre Comercio y dejar lo del Consejo de Seguridad para otra ocasión. Ahora que vuelve a discutirse este tema, espero que el Gobierno de Venezuela se acuerde de lo ocurrido y nos brinde todo su apoyo. En fin, esto es un poco del contexto en el que me desenvolví dentro del ámbito multilateral.

En lo académico, algunas experiencias me sirvieron mucho para mi actividad como embajador en Washington. Desde que egresé de la Facultad de Derecho de la UNAM, en 1968, me dediqué al estudio de la sociología política y publiqué varios estudios sobre el tema. Sin embargo, a partir de 1979 vinculé todas mis actividades académicas con asuntos internacionales. Impartí clases en El Colegio de México y en la Universidad Autónoma Metropolitana y durante toda la década de los ochenta me involucré en temas especiales: refugiados en México, derechos humanos, relaciones con las ONG, etc. Ya estando en Nueva York, una de las responsabilidades que me encomendaron fue la relación con las universidades y los llamados *think tanks* de Nueva York. Esta tarea fue especialmente útil en la futura responsabilidad en Washington.

2.- ¿Cuál fue el vínculo político que le permitió llegar a ese cargo? ¿Cuál fue la principal cualidad o cualidades que el presidente vio en usted para designarlo?

Sin duda, la relación con Carlos Salinas de Gortari, a quien conocía desde nuestros años universitarios, además de que compartíamos la amistad de otras muchas personas como, por ejemplo, José Francisco Ruiz Massieu, un entrañable amigo. Luego, a nivel profesional, trabajé con Salinas en su campaña presidencial, muy intensamente, como encargado de las tareas internacionales, en especial de la relación con Estados Unidos. Estuve en las dos convenciones partidistas americanas de 1988. En la del Partido Demócrata, que fue en Atlanta, conocí al entonces Gobernador de Arkansas, Bill Clinton.

La campaña del PRI fue difícil y el proceso electoral del 88 aún más. Implicó una gran cantidad de reuniones con diversos grupos extranjeros para explicar nuestra posición. Todas ellas fueron oportunidades de trabajo cercano con el que sería presidente de México, quien me encargó la preparación y consiguiente negociación de la reunión de noviembre de 1988 en Houston, aquella en la que se entrevistó con George Bush, ambos en su calidad de presidentes electos, reunión tras la cual se acuñó el término del "Espíritu de Houston". Luego, como representante permanente de México ante la ONU, también hubo mucho trato frecuente a nivel profesional, en especial por mi inclusión como parte del grupo que empezó a difundir los beneficios del futuro TLC.

Por lo que se refiere a las cualidades percibidas para designarme en Washington, voy a relacionar la primera pregunta de su entrevista con esta segunda. Me parece que un factor clave que me convirtió en una opción viable para ocupar la Embajada de México fue la extensa red de relaciones que había tendido con personas y organizaciones de mucha influencia en los Estados Unidos. Mis trabajos anteriores, como le decía, me dieron ocasión de relacionarme lo mismo con influyentes organismos no gubernamentales –los referidos *think tanks*, *Americas Watch*, Amnistía Internacional, etcétera- que con legisladores del Congreso americano o dirigentes de ambos partidos.

Esto último fue fundamental. Puedo decir, que entre 1991 y 1992, era uno de los pocos funcionarios del Gobierno mexicano que tenía relaciones estrechas con distinguidos miembros del Partido Demócrata. Simplemente, fue un hecho que se fue dando a lo largo de mi vida y de mi desempeño profesional, y del que poco a poco se fueron dando cuenta, tanto el presidente como sus colaboradores.

Voy a darle un ejemplo: durante la famosa Cumbre sobre el Medio Ambiente, que se celebró en Brasil, insistí mucho en que el presidente Salinas se entrevistara con uno de los senadores demócratas que más atención dedicaba al tema del medio ambiente en el Congreso americano. El presidente accedió con reticencia, dada su cercanía con la Administración Bush, a que le presentara al senador y luego le encargó al secretario Colosio que diera seguimiento a los asuntos platicados. El senador en cuestión era Albert Gore, entonces senador demócrata por el estado de Tennessee, una figura totalmente desconocida en México y a quien poca o ninguna atención le prestaban los miembros del Gabinete mexicano. Cuando Gore llegó a la vicepresidencia, me resultó un vínculo de gran utilidad. Otros demócratas que conocía de antes y que me vienen ahora a la mente eran Bill Richardson, Sandy Berger y Madeleine Albright. El primero, amigo mío de la infancia; a los dos últimos, los conocí en la campaña de Michael Dukakis. Los tres llegaron a ocupar altos cargos en la Administración Clinton.

Estas relaciones con los demócratas no significaron solo ventajas para mí en esos momentos. Claro está que, luego, como embajador, fueron fundamentales y con muchos de estos personajes mantengo una excelente amistad, hasta la fecha. Pero lo que quiero decir es que esos vínculos no siempre fueron muy bien percibidos en el Gobierno de México. La impresión generalizada en nuestro Gobierno era que el presidente Bush, sin lugar a dudas, ganaría las elecciones. En cambio, yo estaba convencido de lo contrario y por ello se me veía con mucha extrañeza. Llegué a sostener discusiones muy ríspidas sobre este tema con varios miembros del Gabinete de Salinas, quienes no solo ya habían hecho una estrecha relación con la Administración republicana que encabezaba Bush, sino incluso, amistades a nivel personal, mismas que, lógicamente, solo les daban una versión de la realidad.

Por mi parte, decidí seguir cultivando a mis amigos demócratas. Antes de la elección y aprovechando la convención demócrata en Nueva York, organicé reuniones con Bill Richardson y Al Gore. Cuando el presidente Salinas se enteró de esto, me dijo en tono de broma: "Te la estás jugando. Si te equivocas, esto te va a costar muy caro..."

Mi convicción sobre el triunfo demócrata no era fortuita. Emanaba del hecho mismo de vivir y convivir todos los días, con todo tipo de gente, en un centro político-financiero vital para los Estados Unidos como es Nueva York. Además, mis impresiones —obviamente- se reafirmaban cuando mis amigos del Partido Demócrata me daban puntos de vista y tendencias que, claramente, en el Gobierno de México eran ignoradas.

La noche de la elección me llamaron de Presidencia para pedirme mi opinión sobre una carta de felicitación de Salinas para el propio Clinton. En ese momento, me di cuenta de que me estaban considerando seriamente como una opción para Washington. En efecto, diez días después, me llamaron a México para una entrevista con el presidente, quien me dijo que el embajador Gustavo Petricioli había recibido instrucciones de solicitar al Gobierno norteamericano el beneplácito para mi designación como embajador de México.

3.- ¿Cuál diría usted que fue la misión que se le encomendó y hasta qué grado considera haberla cumplido exitosamente?

Sí, había una misión muy clara: lograr la aprobación del Tratado de Libre Comercio. Esa fue la misión más importante de mi gestión y, bueno, el resultado fue positivo. Hubo, desde luego, otras misiones de corto plazo, como por ejemplo el encargo que me hizo el presidente para conseguirle una cita con Clinton antes de que este tomara posesión. Fue difícil y en cuanto llegué a Washington me dediqué, junto con el jefe de la Oficina del Presidente, José Córdoba, al cumplimiento de este objetivo. Clinton, afortunadamente, entendió la urgencia y el significado que un encuentro como este suponía para México. Pero no fue el caso de algunos de sus colaboradores, quienes guardaban rencor por la actitud pro-republicana que habían mostrado muchos de nuestros altos funcionarios. También recuerdo entre las gestiones complicadas, las que se tuvieron que realizar con motivo del levantamiento en Chiapas, los secuestros de distinguidos empresarios, los asesinatos de Colosio y Ruiz Massieu, las elecciones del 94 y, desde luego, la crisis de diciembre de ese año.

4.- ¿Qué fue lo más complicado para posicionarse como embajador en EUA?

Los inicios de una nueva administración siempre son muy complicados en Estados Unidos, porque son bastante desordenados, especialmente si cambia también el partido en el poder. El ambiente que campea en Washington es casi caótico, porque no hay interlocutores que le den seguimiento a las reuniones de trabajo que uno organiza como embajador. El año en que yo llegué (1993) además, fue muy complicado porque me tocó el proceso de negociación de los acuerdos paralelos, que fue la fórmula que encontró el presidente Clinton para "salvar cara" y someter a aprobación algo concebido por su antecesor republicano y que, además, no contaba con el apoyo de sus aliados sindicales. Al mismo tiempo, el programa para la reforma al sistema de salud, que encabezaba la señora Hillary Clinton, distrajo muchísimo la atención de los actores políticos. Cuando llegaron los nuevos funcionarios de la Administración Clinton ni siquiera sabían lo que eran los acuerdos paralelos. Eso fue lo más complicado: posicionarse ante un Gobierno y un Congreso con nuevos actores que, en su gran mayoría, desconocían las particularidades de la agenda con México. Claro que esta situación, por otro lado, tiene la ventaja de que los funcionarios norteamericanos recién llegados, son tan nuevos como uno mismo en su propio cargo.

5.- ¿Cuál era su nivel de interlocución en Washington? ¿A qué nivel trataba diariamente con el Departamento de Estado? ¿Tenía un enlace cotidiano con otras dependencias? ¿y con la Casa Blanca? ¿Cuáles fueron los contactos que más le sirvieron?

Por la misión que me fue encomendada, mi trabajo fundamental era con el Congreso de los Estados Unidos. Allí, el contacto que más me sirvió fue Robert Dole, líder de la mayoría republicana en el Senado. Cinco días después de la toma de posesión de Clinton, lo fui a ver a su oficina para decirle, en tono mitad broma y mitad serio: "He pensado mucho, he platicado con mi esposa y hemos decidido que usted será mi padrino". Dole se rió y me preguntó por qué. "El TLC es creatura de ustedes y sin ustedes no podremos sacarlo adelante", le contesté. A partir de entonces hicimos una relación bastante estrecha que se ha mantenido hasta esta fecha.

Dole fue un interlocutor extraordinario para mí. Me daba sus puntos de vista, incluso sobre temas muy delicados, no necesariamente relacionados con el Congreso. Hubo mucha "química" entre nosotros. Esto, sin embargo, no fue obstáculo para que yo me relacionara con algunos de sus adversarios políticos. En México cuesta mucho trabajo entender esto. Se piensa que si hablamos con unos ya no podemos hablar con los otros. Es un código de "lealtad" mal entendido, que a los americanos realmente no les importa, porque ni siquiera se plantean las cosas en esos términos. Ven perfectamente normal que un representante extranjero busque interlocutores en todos los grupos de poder, sin importar el sector o su filiación política. De esta manera, en el lado demócrata tuve también bastante contacto con los senadores George Mitchell, Christopher Dodd, así como con los congresistas Robert Matsui, Bill Richardson y otros muchos legisladores.

En el Departamento de Estado, nunca hubo problema para hablar, en caso de urgencia, con el secretario de Estado, Warren Christopher, aunque el trato más cotidiano era realmente con los subsecretarios. Clinton nombró a un viejo amigo mío como número tres en el Departamento de Estado: Peter Tarnoff, expresidente del *Council on Foreign Relations* de Nueva York. Con él la relación era muy fluida. Un excolega de la ONU, Alexander Watson, fue designado subsecretario para Asuntos Interamericanos. En el breve periodo que duró el interinato de Bernard Aronson mantuvimos una magnífica relación que venía desde los procesos de paz en América Central.

Por otro lado, en el Departamento de Justicia, una relación que destacó porque se convirtió en una verdadera amistad, fue la que tuve con Doris Meissner, comisionada del Servicio de Inmigración y Naturalización. La buena imagen de nuestro procurador general de la República, Jorge Carpizo, ante su homóloga norteamericana, Janet Reno, ayudaba mucho a la fluidez que se dio en materia de justicia con todos los funcionarios de ese Departamento.

En la Casa Blanca, Thomas McLarty fue un gran aliado, especialmente en la estrategia de monitoreo que los americanos llaman *head counting*. Luego, descubrí en Sandy Berger, un conducto muy importante y efectivo. Su cercanía personal con el presidente Clinton le daba un acceso que no tenía su jefe, Tony Lake. No puedo omitir mencionar a otro funcionario de la Casa Blanca que también fue un gran contacto, Howard Paster, quien se encargaba de ser el enlace con el Congreso y, por tanto, de mantener una contabilidad diaria de las posiciones de los 535 miembros del Congreso.

La relación con la Casa Blanca creo que fue estupenda. Quizás uno de los puntos culminantes que la define fue cuando Clinton pidió, en mayo de 1994, que quería festejar con nosotros, en la Embajada, el 5 de mayo. La verdad es que no teníamos nada planeado para esa fecha, pero de inmediato armé toda la logística y desvelé a mi equipo para organizar la celebración en el Instituto Cultural de México, la antigua sede de la Embajada, en la calle 16. Fue un evento excelente, en el que tuve mi mejor oportunidad de diálogo con el mandatario norteamericano: platicamos a solas, en el jardín trasero de la vieja casona, por más de una hora.

En fin, el diálogo entre el embajador de México y el Poder Ejecutivo de Estados Unidos fue bueno y alto. Su nivel siempre se mantuvo con los secretarios del Gabinete o bien con los subsecretarios. Ello no significó la desatención para otros niveles de gobierno, como directores generales o asesores importantes, pues yo pedía siempre a mis colaboradores que trabajaran con ellos tan estrechamente como fuera posible.

6.- ¿Qué secciones de la Embajada trabajaban más intensamente? ¿Hubo recursos para contratar cabilderos, por ejemplo?

La única condición que le puse al presidente de México para aceptar el cargo, fue que me apoyara para que la oficina de cabildeo y seguimiento que SECOFI había instalado —y que hasta entonces trabajaba en forma prácticamente autónoma- dependiera directamente de mí, a lo cual el presidente accedió y giró sus instrucciones. Afortunadamente, se dio una relación muy buena con el titular de SECOFI, Jaime Serra, quien instruyó al jefe de esa oficina, Hermann Von Bertrab, y no hubo ningún problema para que trabajáramos coordinadamente a favor de nuestro objetivo común. Digo lo anterior porque tiene que ver con mis niveles de interlocución en el Congreso y con la relación que tuve con los cabilderos contratados por el Gobierno de México.

Sí, hubo suficientes recursos para la contratación de oficinas de cabildeo, recursos sobre los cuales yo decidía. Al llegar, en acuerdo con el secretario Serra, realizamos varios cambios que consideré necesarios. Respeté, desde luego, los compromisos ya establecidos para ese año de 1993, pero donde se requería, hice algunos ajustes que reflejaran la nueva realidad de Washington. La verdad es que muchos despachos de cabildeo ya no nos eran de utilidad.

Vale la pena, quizás, hacerle un comentario sobre la figura misma del cabildero. Se trata de un personaje muy peculiar. Si no le dices exactamente cómo quieres tu "traje a la medida", el cabildero lo hará según le convenga a él. Por eso, el embajador tenía que estar muy cerca de todos estos despachos, para conducir con mucho cuidado su actividad en favor del Gobierno de México.

Recuerdo, en particular, una reunión que los cabilderos me concertaron con el líder demócrata en la Cámara de Representantes, Richard Gephardt, quien nos daba –y nos sigue dando– muchos dolores de cabeza. Les advertí a los cabilderos que no entrarían conmigo a la reunión, a pesar de que sin ellos yo no hubiera conseguido tan fácilmente la audiencia con este polémico congresista. Aceptaron y, a la hora que me presenté yo solo con Gephard, este se quedó muy sorprendido. "¿Nadie más lo acompaña?", me preguntó varias veces. "No", respondí. La reunión se dio como yo la había concebido y no al gusto de los influyentes cabilderos, que es un riesgo permanente que corre todo aquel que solicita este tipo de servicios.

Dentro de la Embajada, en virtud de que las elecciones presidenciales habían producido un mapa político tan diferente al escenario anterior en Estados Unidos, se hizo necesario sumar los esfuerzos de todas las áreas. Por eso yo no diría que hubo una sección que trabajó más que otra. Es cierto, uno de los cambios que introduje fue la creación de una oficina especializada en las relaciones con el Congreso, pero también es verdad que les pedí a todas las secciones que ellas hicieran su propio cabildeo. La idea central era que los cabilderos no podían ser solo las empresas contratadas o el propio embajador. Muy por el contrario, si el ministro para Asuntos Migratorios de la Embajada o el agregado de otra Secretaría, por ejemplo, se reunían con algún congresista, yo les pedía que nos reportaran con detalle el asunto para coordinar una estrategia común. Más adelante, cuando en enero de 1994 estalla el conflicto en Chiapas, le solicité al agregado militar de la Embajada que intercambiáramos información con mayor frecuencia para formar un frente común muy sólido. Esa fue mi forma de operar y creo que dio resultado.

7.- ¿Viajó usted mucho por el interior de los Estados Unidos?

Reconozco que ha habido embajadores, como Jesús Silva Herzog o Jesús Reyes Heroles, que viajaron más que yo. Hicieron bien, pues el nombramiento es de embajador en Estados Unidos. Sin embargo, por la naturaleza de mi misión, yo tuve que concentrar una buena parte de mi actividad en Washington y salir fuera de esta ciudad solo de manera muy selectiva. Cada viaje que hacía, lo veía como un voto a favor del TLC, como una oportunidad de acercarme al congresista, senador o grupo por convencer, los cuales me invitaban a su distrito o a su estado, y ese fue mi criterio para realizar viajes al interior del país. El embajador de México recibe decenas de invitaciones al día y hay que ser cuidadoso en seleccionar cuáles aceptar y cuáles no. Cuando eran los legisladores los que me invitaban, les di toda la prioridad.

8.- ¿Es decir que usted viajó solamente como parte de su estrategia de cabildeo?

No; atendí también invitaciones de efecto indirecto para la votación en noviembre de 1993 y posteriormente en el año siguiente para efectos de imagen de México. En todo caso, fue una bitácora que abarcó varias visitas a estados clave, a universidades, consejos editoriales de medios de comunicación, gobernadores, etc. No puede haber embajadores sedentarios.

9.- ¿Cuál era su nivel de interlocución cotidiano en el Gobierno mexicano?

En primer término, siempre tuve un trato respetuoso con la Secretaría de Relaciones Exteriores y su titular, Don Fernando Solana, así como con el subsecretario Andrés Rozental. Con ambos desahogaba una buena parte de mis responsabilidades. Desde luego que también de la Oficina Presidencial surgían encomiendas, generalmente a través del Dr. José Córdoba. Algunas veces había encargos del presidente directamente. Otras más, según el asunto que se tratara, las trabajaba con los titulares de las Secretarías correspondientes. Eran tiempos de urgencia y todos lo entendíamos de esa manera. No quiero ser presuntuoso al no referirme a los subsecretarios. Me llevaba yo de maravilla con muchos de ellos, simplemente consigno el hecho de que las cuestiones de trabajo que me tocaron ver, requerían invariablemente de un acuerdo directo con los secretarios de Estado. Otro aspecto en este sentido era el estilo personal del presidente Salinas como jefe. Me llamaba frecuentemente y daba instrucciones directas indicándome que le reportara el resultado directamente a él.

10.- ¿Qué fue lo más difícil en su trato con el Gobierno mexicano? ¿Por qué existe un conflicto institucional entre el embajador en EUA y el titular de la Cancillería? ¿Qué hacer para remediarlo?

Yo no creo que haya tal cosa como un conflicto institucional inevitable entre el embajador en Washington y la Cancillería. En mi caso creo que el saldo fue positivo. Debo reconocer, sin embargo, un dato casi estadístico que me tocó ver: la mayoría de los embajadores de otros países acreditados en Washington, tarde o temprano, tenían dificultades con su ministro de Relaciones Exteriores. Pero la solución no solo está en una buena relación entre una y otra persona, sino también en el estilo que a esa relación le quiera imprimir el jefe de ambos, es decir, el presidente.

En mi caso, yo me siento afortunado porque cuento con la amistad de Fernando Solana. Es un buen amigo mío y ahora nos reímos de las señales cruzadas de información que ambos padecimos en aquella época. Es decir, había cosas que se manejaban en Presidencia de la República, que me ordenaban ejecutar, de las que él se enteraba posteriormente. Creo que esta situación responde también su pregunta sobre "lo más difícil" en el trato con el Gobierno mexicano. No obstante, tengo que añadir también que una de las cosas más difíciles no fue el trato con el Gobierno mexicano *per se*, sino, más específicamente, con ciertos sectores del Gobierno mexicano, de alto nivel, que no compartían la opinión del presidente, o la del canciller sobre algún tema determinado en política exterior. Solían ser, desde luego, temas complejos y a veces muy delicados. Las presiones que esa situación generaba no fueron fáciles de manejar. Eso también lo recuerdo como algo especialmente complejo desde mi posición de embajador.

FIN DE LA ENTREVISTA.

Capítulo 10

Jesús Silva Herzog: practicando la *Realpolitik*

El hijo del célebre intelectual potosino, el secretario de Hacienda que defendió hasta el final sus convicciones, el apreciado embajador en España y el efímero secretario de Turismo. Ese mismo hombre llegó a Washington a recibir las expresiones de agravio, descontento y decepción de los más diversos círculos norteamericanos respecto a nuestro país, tras el *error de diciembre* de 1994. Fue un "error" que modificó drásticamente la imagen del México próspero vendida por la Administración de Salinas de Gortari. En este diálogo, Jesús Silva Herzog describe el rescate de la imagen de México como su primera misión en los Estados Unidos./128 En efecto, luego de los estragos que supuso la crisis iniciada en aquel diciembre, la guerrilla en Chiapas, los asesinatos políticos y las presuntas ligas de funcionarios mexicanos con el narcotráfico, se produjo —como lo ha dicho Mario Ojeda- el "surgimiento casi súbito de una mala imagen de México en el mundo."/129

El debate que Bill Clinton desató en el Congreso norteamericano al anunciar, el 11 de enero de 1995, que "los Estados Unidos están comprometidos en hacer lo posible por ayudar a México en lo que es y debe ser una crisis de poca duración,"/130 trajo toda clase de señalamientos contra nuestro país, relacionados con las condiciones que Washington debía exigirnos a cambio de la ayuda: los legisladores americanos, al final, no apoyaron plan alguno y el rescate provino de otras fuentes de financiamiento, con la activa participación del presidente Clinton como promotor./131

Pasada la página de este capítulo financiero, que se cerró en enero de 1997, cuando México pagó anticipadamente el adeudo del rescate al Gobierno estadounidense, Silva Herzog continuó sorteando y abordando al *establishment* de Washington. Los meses de febrero y marzo del 97 los ha descrito como "el periodo más doloroso, triste y enojoso en Washington."/132 Se refería a los días previos a la "certificación" que, año con año, otorga el Gobierno norteamericano a las naciones que, a su juicio, cooperan con Estados Unidos en el combate al narcotráfico.

Los temas sobre drogas siempre le ocasionaron dolores de cabeza a nuestro embajador, quien echó mano de todos los recursos a su alcance: desde la redacción de una enérgica carta de protesta contra el proceso de certificación, dirigida al senador Robert Dole,/133 hasta una declaración pública, ampliamente difundida, en la que llamó "cretino" al director de la Agencia Antidrogas estadounidense (DEA), Thomas Constantine, cuando este dedicó varias horas a los medios de comunicación, confirmando la muerte, en México, del conocido narcotraficante Amado Carrillo./134 La iniciativa de nuestro país, en marzo de 1996, de proponerle a Washington el establecimiento de un Grupo de Contacto de Alto nivel (GCAN) como mecanismo permanente de diálogo en materia de drogas, fue el esfuerzo institucional más importante de este periodo para prevenir confrontaciones mayores en el futuro/135.

Otro tema de la agenda bilateral al que Silva Herzog dedicó buena parte de su tiempo fue el de protección consular y migración. Comenzaban a ser frecuentes los casos de mexicanos condenados a pena de muerte, cuya situación jurídica era conocida por la Cancillería mexicana a última hora, en clara violación -por parte de Estados Unidos- de la Convención de Viena, la cual obliga a notificar oportunamente a los consulados de los arrestos de sus ciudadanos./136 En materia migratoria, los presidentes de ambos países suscribieron, en mayo de 1997, una declaración conjunta sobre Migración, que dejó constancia de la llamada "nueva visión de la frontera", misma que busca "transformar la frontera común en un área ejemplar de cooperación bilateral."/137

También fue durante los años de Silva Herzog cuando México buscó neutralizar el efecto negativo de la denominada Ley Helms-Burton, quizás el tema de política internacional de mayor controversia entre ambos países en los foros regionales./138

En definitiva, Jesús Silva Herzog se condujo con un estilo tan intenso en el trabajo, como polémico en actitud. A punto de concluir su periodo como embajador, un periodista que lo entrevistó dejó constancia, una vez más, de la "línea" que caracterizó a nuestro representante diplomático: "...fue protagonista de pleitos conocidos —aunque no totalmente públicos- en la Secretaría de Relaciones Exteriores, donde algún funcionario le disputaba las decisiones, y en el Capitolio, donde algún legislador lo sacaba de quicio."/139

En el diálogo presentado a continuación, Silva Herzog prefiere no abundar en estos "pleitos", aunque sí utiliza una forma muy directa y coloquial para comunicarse con su interlocutor. Reconoce con gran franqueza su poca cercanía con el presidente Zedillo y su difícil aproximación al Capitolio, refiriendo, al mismo tiempo, interesantes anécdotas que dan cuenta del entorno que le rodeó.

JESÚS SILVA HERZOG
-embajador de México en Estados Unidos-
1995-1997/140

1.- ¿Qué parte académica o laboral de su currículum le sirvió más para ejercer las funciones de embajador?

Mi carrera ha estado muy ligada al sector financiero. Desde que entré al Banco de México, en 1956, me incliné hacia ese campo y, dentro de él, me tocó incursionar en los asuntos internacionales. Por ejemplo, durante varios años fui responsable de las relaciones del Banco de México y de la Secretaría de Hacienda con los organismos financieros multilaterales, tales como el Banco Mundial, el Fondo Monetario Internacional y el Banco Interamericano de Desarrollo. También me encargué de los vínculos con la Tesorería de los Estados Unidos.

Sin embargo, la credencial que considero más importante para mi llegada a Washington fue haber sido secretario de Hacienda y Crédito Público. En tal carácter, enfrenté la difícil crisis de 1982 –la primera de esas dimensiones, desde 1932- y me relacioné mucho con organismos financieros internacionales y con la banca mundial. Ese cargo en el Gabinete, después de haber sorteado problemas de la dimensión que me tocaron, le daba a uno un reconocimiento internacional inmediato. A la gente que no me conocía, bastaba con decirle que había yo sido el *Minister of Finance* de México para obtener, de entrada, una imagen y una presencia suficientemente acreditadas.

2.- ¿Cuál fue el vínculo político que le permitió llegar a ese cargo? ¿Cuál fue la principal cualidad o cualidades que el presidente vio en usted para designarlo?

En diciembre de 1994 terminaba yo como secretario de Turismo del Gobierno de Carlos Salinas de Gortari. Me disponía a incorporarme, de tiempo completo, a la vida académica. En ese momento yo era percibido por buena parte de la opinión pública como un funcionario de reconocida independencia, casi cercano a la oposición. Por ello, y porque siempre me ha gustado la academia, me entusiasmaban mis nuevos planes e incluso ya había firmado un contrato con un centro de estudios de la UNAM, para dedicarme a actividades de docencia e investigación. Pues resulta que un día estaba yo, tranquilamente, en mi casa de Morelos, cuando suena el teléfono. Lo recuerdo perfectamente: fue el domingo 3 de diciembre de 1994, a las 12 de la noche. Era Ángel Gurría, para invitarme, a nombre del presidente Zedillo, a ser el embajador de México en los Estados Unidos.

Yo no era amigo de Zedillo –ni siquiera estuve en su campaña presidencial– aunque sí de Gurría, quien trabajó conmigo muchos años. Luego de esa llamada, a los dos días, aparece en la prensa la primera filtración del nombramiento, que poco después se formalizó. Creo que el presidente quiso dar, con mi designación, una clara señal de que también incorporaba a su equipo de trabajo a gente que no era de su círculo íntimo. Me pareció que se trataba de dar una señal de pluralidad. Recuerdo que alguna de las columnas políticas de esos días mencionaba que yo era "el primer embajador de oposición". Y no es que yo haya sido de oposición, pero como dije, en esos años se me percibía como un personaje crítico de nuestro sistema económico y político, y crítico también de los Estados Unidos.

3.- ¿Cuál diría usted que fue la misión que se le encomendó y hasta qué grado considera haberla cumplido exitosamente?

En diciembre de 1994, en una entrevista, recuerdo haber expresado que, afortunadamente, los problemas centrales con Estados Unidos no incluían la renegociación de la deuda o la contratación de nuevos préstamos, sino la migración, el medio ambiente, el narcotráfico... en fin, varios de los llamados "temas clásicos" de la relación bilateral. Sin embargo, como se sabe, el desequilibrio externo, las elevadas tasas de interés internacionales y las presiones devaluatorias originaron el colapso del sistema cambiario en México, a finales del mes de diciembre. El tipo de cambio se disparó, junto con las tasas de interés. La volatilidad de los mercados financieros también aumentó considerablemente.

En ese momento, mi encomienda quedó clara: había que hacer frente a las consecuencias de la crisis de 1994. Salinas había vendido extraordinariamente al mundo entero la imagen de un México próspero. Pero la crisis de 94-95 causó un impacto severísimo en el Congreso, la Administración y los medios de comunicación estadounidenses. Era frecuente escuchar la expresión "México nos ha engañado".

El deterioro de imagen que sufrimos en esos meses fue brutal. Esa circunstancia me hizo salir a hablar y recorrer los Estados Unidos para participar en todos los foros posibles. Recuerdo que llegaba yo a ver a congresistas americanos y más de uno me decía: *You Mexicans are not trustworthy, you fooled us!* Fue duro, pero me parece que el tiempo y el trabajo nos permitieron salir adelante.

4.- ¿Qué fue lo más complicado para posicionarse como embajador en EUA?

Un embajador pensante en Washington debe percatarse de que mantener exclusivamente relaciones con el Departamento de Estado, es una actitud equivocada. En el caso de México, los interlocutores con los que teníamos asuntos eran muy diversos y muy numerosos.

Claro está que el Departamento de Estado no puede subestimarse. Por ello, lo primero que hice fue tratar de establecer una muy buena relación con dicha dependencia, con el Departamento del Tesoro y con algunas otras oficinas del Poder Ejecutivo. Luego, me moví un poco más con la prensa y con las organizaciones de la sociedad civil, que en Washington tienen mucha influencia.

Uno de mis primeros contactos con este tipo de organizaciones fue con *The Washington Opera Ball*, formada por esposas de distinguidos miembros de la alta sociedad washingtoniana. A mí, ni me gustaba la ópera ni tenía yo esposa en ese momento, pero resulta que me llamaron porque, cada año, esta asociación recibía el patrocinio de un país y nunca habían invitado a una nación latinoamericana. A alguien se le ocurrió que México era una buena opción y yo acepté enseguida. Fue así como empecé a conocer a mucha gente y a situarme en toda clase de foros para desarrollar mejor mi trabajo.

Lo más difícil fue el contacto con el Congreso. Me viene a la mente un extraordinario libro, escrito por un exembajador de Canadá, llamado *I 'll be with you in a minute, Mr. Ambassador*, es una obra que tiene que ver con la actitud de los congresistas frente a un embajador./141 Y créame que la actitud de un legislador norteamericano frente al representante de un país desacreditado, como lo era México, es muy difícil de tragar. Tengo muy presentes algunos de mis encuentros con diputados y senadores. En ocasiones, yo salía plenamente convencido de que los había hecho reflexionar e incluso cambiar su opinión sobre nuestro país. Esa misma tarde o al día siguiente los congresistas "convencidos", presentaban de nuevo en el *floor* alguna iniciativa de ley contra los intereses o la imagen de México.

Vale la pena referirme a la enorme influencia que tienen los asistentes de los congresistas, conocidos comúnmente como *staffers*. Yo me di cuenta en Washington que muchas veces la relación con el *staffer* podía dar mejores resultados que con el mismo congresista. Una vez fui a reclamarle a un legislador porque presentó un proyecto de ley que incluía comentarios muy negativos sobre México. Me miró y no fue capaz de recordar que él era el patrocinador de tal proyecto. Tuvo que llamar a uno de sus staffers para preguntarle: *Did I introduce that Bill?* Es impresionante el grado de influencia de estos ayudantes, que casi siempre están mejor formados y mejor informados que sus jefes.

Otro episodio que ilustra la actitud de los congresistas a la que me he referido, es cuando logré que el senador Ernest Hollings, demócrata de Carolina del Sur, aceptara ir a comer conmigo para platicar "a calzón quitado", como se dice vulgarmente. Hollings es un abogado, ya entrado en años, que es senador desde 1966; íntimo amigo de Jesse Helms y, también, crítico mordaz del Gobierno mexicano. En el transcurso de nuestra comida, fui sintiendo bastante receptividad por parte de mi interlocutor. La forma tan franca en que hablamos me dio la confianza de contarle una anécdota sobre mi padre, quien fue subsecretario de Hacienda en el año 1945. Él describía a esa Secretaría como "un cajón lleno de dinero". Oportunidades para hacerse millonario, no faltaban.

Sin embargo, la herencia que mi padre nos dejó, alcanzó para que sus hijos nos compráramos, cada uno, una bicicleta. Yo mismo –le dije a Hollings- he sido secretario de Hacienda y he tenido múltiples oportunidades de corromperme, pero no ha sido así: vivo en la misma casa desde hace 35 años. Lo que, en suma, quise transmitirle al senador fue que el Gobierno de México no era, como seguramente él pensaba, una banda de ladrones. Pasada nuestra larga conversación, tuve fe en haberle dado elementos a Hollings para que cambiara su percepción. No fue así. Sus posiciones se mantuvieron tan agresivas como antes.

Por esto, creo que la prioridad número uno para un embajador de México en los Estados Unidos debe ser el Congreso, por lo difícil que es aproximarse a sus miembros e influir en su criterio. El Poder Ejecutivo, de alguna manera ya está "echado a la bolsa", pues parte del trabajo mismo de sus funcionarios es hacerse "cuates" de sus colegas mexicanos, pero el Congreso es un hueso muy duro de roer; sin duda, la instancia más complicada para un embajador.

5.- ¿Cuál era su nivel de interlocución en Washington? ¿A qué nivel trataba diariamente con el Departamento de Estado? ¿Tenía un enlace cotidiano con otras dependencias? ¿y con la Casa Blanca? ¿Cuáles fueron los contactos que más le sirvieron?

Además de los niveles de interlocución que ya describí, mantuve una relación de mucha comunicación con varios funcionarios en el Poder Ejecutivo, como, por ejemplo, con el subsecretario para Asuntos Interamericanos, Alexander Watson, primero, y Jeff Davidow, después. Con Watson, en particular, construí una amistad que perdura hasta la fecha. Siempre que viene a México nos vamos a mi casa de Morelos. En Washington me dio –invariablemente- un trato estupendo, de colegas, de igual a igual.

No fue ese el caso de otros altos funcionarios en el Departamento de Estado. Recuerdo un desagradable episodio, muy al principio de mi gestión. Llego a la Embajada, y mi secretaria me informa de un recado de un tal Robert Gelbard, subsecretario de Estado para Asuntos de Narcotráfico. Yo no podía creer los términos del recado, pero me cercioré de que, efectivamente, no se trataba de una broma de mal gusto. El mensaje en cuestión era que Gelbard, sin conocerme de nada, me citaba en su oficina a las 10:15 de la mañana del día siguiente.

Para mis "pulgas", no es difícil imaginar mi reacción. Recordé un dicho de mi abuela, que nunca olvidaré y cuya observancia siempre me ha dado muy buenos resultados: "En esta vida...", decía ella, "...hay que andarse con mucho cuidado, porque aquel que más se agacha, más las nalgas se le ven." Tenía razón. Le llamé a Gelbard para decirle que con mucho gusto nos veíamos a las 10:15 del día solicitado, pero en *mi* oficina. Al final, el asunto que quería tratarme pudimos desahogarlo por teléfono. Pero la enseñanza de este incidente es que debemos evitar, a toda costa, las posiciones indignas, las actitudes de cabeza gacha. Porque dentro del ambiente en el que uno se mueve en Washington, en cuanto la gente ve la menor señal de servilismo, ¡cuidado! Puede ser el principio de una serie interminable de abusos, que luego nos salen tremendamente caros.

Otros contactos que me fueron de gran utilidad los tuve en el Consejo de

Seguridad Nacional, en particular, con Richard Feinberg, encargado de los asuntos de América Latina. Richard era un viejo conocido, con quien fortalecí mi relación a través del trabajo y también –por qué no decirlo- gracias a los partidos de tenis que nos echábamos con frecuencia. En la Cámara de Representantes, otro viejo amigo –y un gran apoyo- fue Bill Richardson. En el Senado, Chris Dodd. Él era, sin duda, el senador que mejor entendía a México y el que tenía una actitud absolutamente amigable con nosotros. En la Casa Blanca, McLarty también fue clave para algunas cosas, así como Sandy Berger, el consejero de Seguridad Nacional. La esposa de Sandy se volvió muy amiga de mi mujer, lo cual siempre ayuda.

Los niveles de interlocución de un embajador mexicano en Estados Unidos son muy diversos, en calidad y en cantidad. No solo en el Poder Ejecutivo y en el Legislativo, sino también en lugares donde hay comunidades mexicanas importantes y organizaciones no gubernamentales con intereses en México. Hay que ir a los foros, hay que viajar por todo el territorio estadounidense para encontrar a todos esos interlocutores que van a permitir hacer bien el trabajo, que le van a dar a uno un horizonte muy amplio para tener el pulso de los acontecimientos, de primera mano. Pregúntele a Derek, el chofer de la oficina del embajador de México, que lleva ya muchos años trabajando para el Gobierno mexicano, la cantidad de veces que salía yo de Washington, D.C. Hasta él se impresionó, y me lo dijo un día: "oiga, usted es al que más veces he llevado al aeropuerto".

En fin, pienso que sería interminable describir todos esos frentes de batalla. Quizás -y con esto termino- no debo dejar de mencionar a las agrupaciones de tipo social, que aparentemente no revisten una gran importancia, pero que son centrales para lo que llama usted en su pregunta anterior "el posicionamiento" de un embajador en Estados Unidos. El *International Neighbors Club*, por solo citar un ejemplo, reúne a las esposas de diplomáticos, funcionarios de gobierno y congresistas que trabajan en Washington. Uno no tiene idea de lo relevante que puede ser que uno y su familia convivan con este tipo de grupos, hasta que llega el día en que se ofrece algo importante y resulta que, "casualmente" hay una puerta abierta, justo allí donde uno la necesita, gracias a estas asociaciones.

6.- ¿Qué secciones de la Embajada trabajaban más intensamente? ¿Hubo recursos para contratar cabilderos, por ejemplo?

Lo de los recursos para cabildeo lo manejaba directamente la oficina de SECOFI, no yo. Y en cuanto a las secciones que trabajaban más intensamente, pienso que eso depende mucho de la forma en que el titular de la Misión diplomática sepa trabajar con ellas. Creo que la eficiencia y la relación con las secciones que componen una embajada tan grande como la de Washington, depende de las habilidades personales del embajador. Si, por ejemplo, uno les manda a los agregados de otras Secretarías un oficio con la leyenda manuscrita "acuérdelo conmigo", la reacción será negativa. Ellos tienen una independencia *de facto* que difícilmente les va a quitar un embajador. Por eso el estilo por el que yo opté fue un contacto más personal y un espíritu de equipo muy claro.

Todos los lunes, a las 9 de la mañana, tenía yo una reunión con los titulares de cada sección, tanto de la Cancillería como de otras dependencias federales representadas en Washington. Además de las secciones que yo encontré al llegar, consideré importante formar dos más: una dedicada exclusivamente al tema de la migración y otra para las comunidades mexicanas. Asimismo, una vez al mes, organizaba yo la versión ampliada de estas reuniones, incorporando a los agregados de la Secretaría de la Defensa Nacional y de Marina. Esta forma de trabajar con los agregados dio resultado: nunca sentí que me saltaran y creo que todos dieron su mejor rendimiento.

7.- ¿Cuál era su nivel de interlocución cotidiano en el Gobierno mexicano?

Básicamente, mi comunicación era con el secretario de Relaciones Exteriores, Ángel Gurría y, de manera omnipresente, con el subsecretario Rebolledo. Con Gurría hablaba yo unas tres o cuatro veces por semana. En cambio, con el presidente de la República, realmente poco. Menos de una vez al mes. No porque yo no le llamara, pero él mismo no me solicitaba cosas directamente, por lo que casi todo se canalizaba a través del secretario Gurría.

8.- ¿Qué fue lo más difícil en su trato con el Gobierno mexicano? ¿Por qué casi nunca han sido buenas las relaciones entre el embajador en EUA y el titular de la Cancillería? ¿Qué hacer para mejorarlas?

Esas "cuestiones difíciles" con nuestro propio Gobierno ocasionaron que yo pidiera mi regreso a México. Creo que hay un conflicto *interconstruido* entre la Cancillería y la Embajada de México en Washington, la cual, en muchas ocasiones, tiene que decidir cosas de manera inmediata, sin consultarle a nadie. Tlatelolco no es capaz de aceptar esta realidad y mucho menos quiere que el embajador se conduzca de manera independiente.

La cerrazón de algunos funcionarios es tal, que solo para darse una importancia –que no tienen o, mejor dicho, que ellos mismos se niegan- le corrigen a uno tonterías. Al principio, yo busqué demostrarles mi absoluta disposición, mandando oficios en los que pedía instrucciones sobre algún documento que anexaba y, como respuesta, el aparato de la Cancillería, en primer lugar, retrasaba el trámite. Claro, las consultas internas toman su tiempo. A final de cuentas, regresaban el mismo documento, con tres o cuatro comas de más y una o dos palabras de menos. Nada de fondo. ¿Cómo puede uno reaccionar ante tal proceder? En mi caso, yo opté por enviar e informar a la SRE lo ya hecho, no lo que pensaba hacer.

A veces, resultaba verdaderamente desesperante que la Secretaría no se percatara de que Washington tiene una dinámica distinta. Si, por ejemplo, uno no reacciona de inmediato ante una propuesta negativa para México que un diputado estadounidense somete al pleno de la Cámara de Representantes, las aclaraciones dos días después no sirven de nada. Esto no significa –y nunca lo implicó en mi caso- que no deba mantener informado al titular de la Cancillería de los asuntos más delicados e importantes. De hecho, con Ángel Gurría siempre tuve, y tengo, una magnífica relación. Pero es que hay mil cosas más para las que no tiene que molestarse al secretario y que, desgraciadamente, los funcionarios de niveles inferiores no siempre agilizan ni facilitan, celosos de que el embajador en Washington pueda opacar sus ámbitos de poder. Es una percepción errónea de las cosas. Para mejorar una situación así, yo diría que la Secretaría de Relaciones Exteriores, en su trato con la Embajada en los Estados Unidos, debe mantener una actitud más flexible y más abierta.

FIN DE LA ENTREVISTA

Capítulo 11

Jesús Reyes Heroles: el modernizador

Cuando Jesús Reyes Heroles llegó a Washington, en octubre de 1997, habían transcurrido casi diez años desde que Petricioli encabezó la segunda revolución en la estructura y funcionamiento de nuestra Misión diplomática. Tres computadoras *Pentium*, dos o tres cuentas de correo electrónico institucionales —no individuales- y una obsoleta versión del procesador de palabras *Works*, instalada en todos los equipos, constituían el acervo tecnológico de nuestra Embajada, "un panorama desolador; ni página web teníamos", recuerda uno de los colaboradores que llegó a Washington con Reyes Heroles./142 No sorprende, por lo tanto, la respuesta de mi entrevistado cuando le pregunto sobre lo más complicado al asumir el cargo: "...tener una oficina bien estructurada", dijo sin dudarlo un momento.

Una vez conseguidos los apoyos necesarios para modernizar tecnológica y administrativamente la Embajada, sobre todo en una ciudad —y un país- que no espera, Reyes Heroles se dio a la tarea de fortalecer la relación con los consulados de México en toda la Unión Americana./143 Hizo bien: el reforzamiento en el control de la frontera, producto de las reformas de 1996 a la ley migratoria estadounidense, trajo como consecuencia que el número de muertes de migrantes mexicanos, en su intento por cruzar hacia el país vecino, se disparara: en 1997 fue de 129, en 1998 subió a 291. En el año 2000, la cifra llegó a un número para el que no hacen falta adjetivos: 491 fallecimientos./144 Como lo escribe Wayne Cornelius, las muertes son una consecuencia "involuntaria" -así, con comillas- del reforzamiento de la vigilancia en la frontera./145 A este fenómeno se sumó el llamado *vigilantismo*, que luego la prensa bautizó como "cacería" de mexicanos, por parte de algunos rancheros del estado de Arizona.

El frente de batalla migratorio sería para Reyes Heroles un tema relevante. En la entrevista que sigue, él menciona como una de sus interlocutoras importantes a Doris Meissner, la comisionada del Servicio de Inmigración y Naturalización (INS) del Gobierno de Clinton. Incluso hemos visto cómo Jorge Montaño refiere, desde entonces, su relación con esta funcionaria como "una verdadera amistad". Es cierto que la comisionada del SIN estuvo abierta a escuchar, invariablemente, el punto de vista de los representantes mexicanos.

Ello sentó importantes bases de un diálogo permanente sobre el tema. También es verdad, sin embargo, que Meissner siempre tuvo claro su cometido: cerrar la puerta al flujo de indocumentados./146

Por otra parte, el área en la que Reyes Heroles se confiesa más neófito cuando llegó a la Embajada –la procuración de justicia- fue la que con el tiempo ocasionaría los problemas bilaterales más severos que atestiguó su administración. A pesar de que el establecimiento del Grupo de Contacto de Alto Nivel (GCAN) consolidó el concepto de *corresponsabilidad* entre ambos países, y fortaleció la colaboración en materia de extradiciones y aseguramiento de bienes producto del narcotráfico, la operación *Casablanca* acentuó la desconfianza entre ambos países, causó profundas divisiones entre los formuladores de la política exterior de México y dejó cicatrices que solo se borran tras un largo tiempo de diálogo y reconstrucción mutua de la confianza perdida./147

Casablanca, el operativo policiaco encubierto efectuado en México por los Estados Unidos para desmantelar una red de lavado de dinero, echó por debajo el otrora firme propósito de ambos Gobiernos de "evitar sorpresas"./148 Luego sobrevendrían otras dos pruebas de resistencia para la diplomacia mexicana. Primero, el asunto conocido como las "narcofosas", una acción conjunta entre la PGR y el FBI en territorio mexicano para detectar la presunta existencia de fosas comunes, acción de la que no se le informó a la Embajada –ni en Washington ni desde México- a pesar de las graves consecuencias de imagen que acarreó para nuestro país./149 La otra prueba, menos espectacular pero igualmente desgastante, fue la Ley estadounidense de Poderes Económicos de Emergencia, que preveía la publicación de listas de narcotraficantes y empresas "lavadoras" de dinero./150 A Reyes Heroles también le tocó la devolución a Washington de los 73 helicópteros UH-1H y cuatro aviones C-26 que nuestro vecino del norte había enviado para el combate al narcotráfico./151

Es justo decir que no todo fue migración y narcotráfico, ni todos fueron problemas o crisis. La dinámica positiva de la relación México-Estados Unidos siguió su curso, estimulada por el quehacer cotidiano de los participantes en la formulación de nuestra política exterior. Con el término de la gestión de Jesús Reyes Heroles al frente de la Embajada, concluyó también la administración del presidente Ernesto Zedillo, un sexenio en el que se establecieron 22 tratados, 46 acuerdos interinstitucionales y 35 mecanismos bilaterales de trabajo con nuestro vecino del norte, los cuales abarcan las más diversas áreas, desde epidemiología y protección consular, hasta biodiversidad y conservación del patrimonio cultural./152 Otros avances en los que participó Jesús Reyes Heroles, los refiere él mismo en el curso de la entrevista presentada a continuación.

JESÚS REYES HEROLES
-embajador de México en Estados Unidos-
1997-2000/153

1.- ¿Qué parte académica o laboral de su currículum le sirvió más para ejercer las funciones de embajador?

Conocí Washington en la parte financiera, porque fui director general de Planeación Hacendaria, en la Secretaría de Hacienda. Estuve seis años en el sexenio de Miguel de la Madrid. Con gran frecuencia iba a negociar con el Fondo Monetario Internacional (FMI) y también algunas cosas con el Banco Mundial, pues al área de Planeación le tocaba negociar básicamente con el FMI y a la Dirección General de Crédito Público con el Banco Mundial. Hubo épocas en las que estuve hasta tres meses en un hotel, en Washington, sin regresar a México. Esa época, sin duda, me sirvió mucho para conocer bien a la comunidad financiera y bancaria en la capital estadounidense.

También estuve dos años como coordinador general de asesores del secretario de Relaciones Exteriores, Fernando Solana. Él me encargó, entre otras cosas, el trato con el embajador en Washington, Gustavo Petricioli, que era mi amigo desde hacía tiempo. Fue mi sinodal en el ITAM y había una vieja relación de amistad, que me permitió conocer la agenda México-Estados Unidos en un momento complicado.

Contribuyeron, igualmente, una serie de actividades a título personal. Participé en el *North American Institute* como fundador, se fundó en 1995. Soy miembro del capítulo mexicano del *North American Committee*, por interés estrictamente personal, simplemente gusto por este tipo de cosas. Iba con regularidad a universidades de los Estados Unidos a dar conferencias o cursos. Esos fueron mis antecedentes y bueno, digamos que conforman un currículum que mezcla una formación técnica relativamente sólida, con una experiencia práctica en el ámbito político. Influyen también otros factores como relaciones de familia, mi paso por el PRI, por la dirección de Banobras, etcétera.

2.- ¿Cuál fue el vínculo político que le permitió llegar a ese cargo?

El principal vínculo político era mi relación personal con el presidente Zedillo, que venía de 1978, cuando trabajamos en el Banco de México y continuó durante los años que estuve en Hacienda y él en la entonces Secretaría de Programación y Presupuesto.

Para mí, es un prerrequisito que todo embajador en Estados Unidos tenga una relación de cercanía y confianza con el presidente de la República. Si alguno no la tiene, de inmediato se corre la voz en el medio político de Washington y el Departamento de Estado toma nota y lo descalifica como un interlocutor de acceso directo a su presidente.

Otros vínculos políticos importantes para el ejercicio de mis funciones fueron, sin duda, la excelente relación que tuve con el secretario de Relaciones Exteriores, Ángel Gurría, la amistad personal que también me unía –y me une– con Juan Rebolledo, entonces subsecretario para América del Norte. A Rebolledo lo conocí desde mis épocas estudiantiles, cuando yo estudiaba el doctorado en el MIT (Instituto Tecnológico de Massachusetts) y él estudiaba en Harvard. Tenía también una buena amistad con José Luis Barros, en la Presidencia de la República.

3.- ¿Cuál diría usted que fue la misión que se le encomendó y hasta qué grado considera haberla cumplido exitosamente?

La que todos los embajadores han tenido: mantener una buena relación entre México y los Estados Unidos, pero siempre vigilando y defendiendo los intereses estratégicos de México. Es una instrucción muy general, pero a la vez específica. Yo más bien diría que más que instrucciones, eran acciones de gobierno propuestas por el presidente sobre lo que él quería hacer durante esos años. Por ejemplo, llevar a cabo una labor más intensa con el Congreso; con los Gobiernos de los estados de la Unión Americana; reducir lo más posible o tratar de eliminar las solicitudes de dinero entre México y Estados Unidos. Es decir, eliminar las ayudas de los Estados Unidos a México, porque eso genera muchos problemas.

Ahora México no acepta recursos de Estados Unidos. Esto se rompió a fines de 1994 o 1995. Se redujeron casi a cero los apoyos económicos. El ejemplo más claro fue el asunto de los helicópteros. Declinar esa ayuda se logró en muy buenos términos, que nos permitieron seguir estrechando la relación económica y política, seguir fortaleciéndola. Nuestro interés con respecto a los

Estados Unidos es aprovechar la vecindad con ellos para impulsar nuestro desarrollo económico y social. Yo, como embajador, dediqué mucho tiempo a la parte de promoción y pienso que nos fue muy bien.

4.- ¿Qué fue lo más complicado para posicionarse como embajador en EUA?

Primero, tener una oficina bien estructurada, que me dejara tiempo para salir a hacer política. Varios meses me dediqué a reorganizar la Embajada, hasta lograr un punto en el que funcionara prácticamente sola, en "piloto automático", para que yo pudiera salir a cumplir mis responsabilidades fuera de la oficina. Esto implicó, desde luego, cambio de funcionarios, de equipo, etcétera. Me llevó un tiempo. A mí me parece que el embajador en Washington debe contar con un excelente diplomático y con un excelente administrador dentro de la estructura de la Embajada. Tengo la impresión de que no siempre se le da la mayor atención a la administración, y a mí, en cambio, me parece un asunto prioritario.

Incluso me encerré para dedicarme a eso y prácticamente no hablé con la prensa los primeros meses. Fui criticado por ello, pero también lo hice a propósito, pues quería desvincularme de mi imagen pública como secretario de Energía. Con toda intención evité hablar con la prensa de temas energéticos en esa primera época.

Segundo, es siempre más complicado iniciar una función como embajador de México en Washington cuando la Administración estadounidense ya lleva varios años en marcha. Aquí el novato era yo. Es preferible para un embajador llegar a principios de la Administración. Yo llegué cuando Clinton tenía cinco años en el Gobierno, incluso ya había sido reelecto. Eso me implicó, sin duda, un hándicap que tenía que superar.

Finalmente, en cuanto a los temas de fondo, hubo algunos a los que me tuve que meter más que a otros. Mis conocimientos sobre procuración de justicia, por ejemplo, eran muy limitados. Sin embargo, al final de mi gestión terminé con una excelente relación con el FBI y, especialmente, con la procuradora general de los Estados Unidos, Janet Reno. Recuerdo que algunas veces tuve que llamarle a su domicilio para despertarla, a las dos de la mañana, y ella también llegó a hacer lo mismo. Construimos una relación de confianza mutua para ello.

5.- ¿Cuál era su nivel de interlocución en Washington? ¿A qué nivel

trataba diariamente con el Departamento de Estado? ¿Tenía un enlace cotidiano con otras dependencias? ¿Y con la Casa Blanca? ¿Cuáles fueron los contactos que más le sirvieron?

En cuanto a los contactos que más me sirvieron, no puedo mencionar a una persona en lo particular, porque sería injusto señalarla, pues dependiendo del tema, nos ayudaban muchas gentes. Creo que la procuradora fue particularmente importante, pero si continúo reflexionando sobre este tema van surgiendo más y más nombres que en su momento fueron también muy relevantes.

El nivel de interlocución fue siempre el más alto, exceptuando al presidente de los Estados Unidos y a dos o tres funcionarios con relaciones de muy alto nivel en México, que había que cuidar y que, por lo tanto, no podría yo decir que eran enlaces "cotidianos", como señala usted en su pregunta. Con mucha frecuencia hablaba yo con John Podesta, y con Jeffrey Davidow, a quien sustituyó posteriormente Pete Romero como subsecretario adjunto para Asuntos Interamericanos, en el Departamento de Estado. Hablaba por supuesto con Doris Meissner, la comisionada del Servicio de Inmigración y Naturalización, así como con otros miembros del Gabinete del presidente Clinton, como Janet Reno —que ya mencioné- Bruce Babbit, Bill Richardson, etcétera.

En la Casa Blanca mi relación era con Podesta y algunos de los colaboradores más cercanos del presidente como, por ejemplo, Sandy Berger, a quien buscaba con menor frecuencia, para cuidar la relación. Establecí una excelente comunicación con Berger, no por mérito personal, sino por México.

Con el sector privado me ayudaron los contactos derivados del sector energía, que había yo cultivado durante mi gestión como secretario de Energía de México, digamos, a nivel del empresariado fuerte. Me fueron de mucha utilidad. En el Congreso, abrí más espacios. La relación permanente era con unos 10 o 15 senadores y unos 30 o 40 miembros de la Cámara de Representantes. Por "permanente" quiero decir que nos veíamos una vez cada tres meses, más o menos. Conocí y traté a Jesse Helms, Robert Dole, Tom Daschle y Trent Lott, entre otros muchos.

6.- ¿Y cómo lo recibían los congresistas cuando hablaba usted con ellos?

Siempre me recibían con respeto e interés. Me acerqué mucho con los legisladores de estados fronterizos con México. Platicaba con frecuencia, por ejemplo, con la senadora demócrata por California, Dianne Feinstein, una de las principales detractoras del Tratado de Libre Comercio, y de México en general. A pesar de no tener puntos de vista afines, hablábamos mucho de temas bilaterales que afectaban a México y a su estado y también de otras cosas más mundanas, como los mejores y los peores restaurantes de San Francisco, de donde ella es originaria. Si usted se fija en el tono utilizado por Feinstein al referirse a México, verá que fue modificándolo, pasó de ser un tono agresivo a uno moderado.

Otros legisladores de la zona fronteriza con los que me relacioné fueron Barbara Boxer, también demócrata de California, así como con el senador y la senadora por Texas, ambos republicanos, Phil Gramm y la señora Kay Hutchison. No todas estas conversaciones tenían lugar en Washington. Creo que he sido el embajador que más ha viajado por el interior de los Estados Unidos. Esa estrategia no era simplemente por viajar, sino precisamente para "amarrar" los hilos con senadores y diputados.

Estoy convencido de que la mejor manera de acercarse a un legislador americano es en su propio estado o en su propio distrito. ¿Sabe cómo me acerqué a Jesse Helms? Pues cuando le llamé para anunciarle que México abriría un consulado en Raleigh, el corazón de su estado. Es una forma muy eficaz de aproximación porque le da un interés distinto al ambiente de intereses políticos que normalmente se respira en Washington.

7.- ¿Es decir que es usted un fiel creyente de la famosa frase que popularizó Tip O'Neill: "*All politics is local*"?

Sin ninguna duda. Y más en un sistema como el de los Estados Unidos. En Washington la política es local.

8.- ¿Con qué recursos económicos y humanos contaba para desarrollar su labor? ¿Qué secciones de la embajada trabajaban más intensamente? ¿Hubo recursos para contratar cabilderos, por ejemplo?

Es una Embajada con recursos inferiores a los que debería tener. Le voy a dar un ejemplo. En el área de Asuntos Políticos yo tenía cuatro funcionarios y el número de asuntos con el Congreso que lleva la Embajada son casi un 25% más de los que lleva Canadá. Sin embargo, Canadá tiene en su área de Asuntos Políticos cuando menos 20 o 25 personas. Como verá usted, la carga de trabajo era superior y el número de personal para ocuparse de ello, claramente insuficiente. Creo también que la gente de carrera del Servicio Exterior Mexicano debería ser más especializada, los cambian demasiado de adscripción.

Sobre las secciones que más intensamente trabajaban, no me cabe ninguna duda: Asuntos Políticos y Relaciones con el Congreso, por un lado, y Prensa, por otro. Ello, por supuesto, sin subestimar el trabajo de las demás áreas.

En cuanto a su pregunta sobre los cabilderos, yo prefiero referirme a ellos con otro término. Les llamo "inteligencia legislativa" porque creo que eso es lo que son o, mejor dicho, eso es lo que deben ser. Y lo digo porque las oficinas de inteligencia legislativa con las que a mí me tocó trabajar, tenían tres limitaciones o condiciones perfectamente establecidas por mí:

a) Solamente operarían para las relaciones con el Congreso de los Estados Unidos, jamás para la relación con el Ejecutivo.

b) En el Congreso, jamás podían hablar en nombre del Gobierno mexicano o en mi nombre.

c) Nunca me acompañaban a reuniones con legisladores.

Con estas acotaciones, trabajamos muy bien. Cuando yo llegué, me encontré un contrato de un millón 200 mil dólares al año para una sola empresa. Eran convenios que venían desde la época de la negociación del Tratado de Libre Comercio. Yo modifiqué esa línea de trabajo y, con el mismo presupuesto, sugerí la contratación de tres empresas: una para relaciones públicas y dos para inteligencia legislativa. Con la de relaciones públicas me reunía una vez por semana, los jueves.

9.- ¿El presupuesto del que usted me habla comprendía toda la Embajada, incluyendo a las demás Secretarías de Estado allí representadas?

No, yo hablo exclusivamente de las oficinas de inteligencia legislativa contratadas por la Secretaría de Relaciones Exteriores. Aparte estaban las empresas contratadas por otras dependencias del Gobierno mexicano. Sin embargo, como dato curioso, lo que nosotros gastábamos era sensiblemente inferior a los gastos que hacían otras embajadas en Washington.

10.- ¿Cuál era su nivel de interlocución cotidiano en el Gobierno mexicano?

Básicamente los secretarios de Estado. Obvio es decir que con mucha frecuencia hablaba con el presidente de la República. En promedio, yo venía a México una vez al mes y siempre tenía un acuerdo personal con el presidente.

11. ¿Qué fue lo más difícil en su trato con el Gobierno mexicano?

Las indecisiones en algunos temas y la lentitud de respuesta. En México todavía no tenemos conciencia de que vivimos en tiempo real, no en tiempo virtual. Muchos funcionarios en nuestro Gobierno no tienen claro que nuestra capacidad de reacción frente a Washington tiene que ser instantánea. Si no es así, después ya no sirve. Además, nunca falta el secretario de Estado que le mete a uno "goles", porque no le avisa de tal o cual cosa, o avisa cuando ya le estalló un problema, pero eso pasa en todos los Gobiernos. Me preocupa más la velocidad en la toma de decisiones. Es un asunto delicado.

12.- ¿Por qué casi nunca han sido buenas las relaciones entre el embajador en EUA y el titular de la Cancillería? ¿Qué hacer para mejorarlas?

Es un problema de actitudes personales. El canciller de México -y todos los cancilleres- tienen una agenda que no les permite otorgar el tiempo suficiente a los asuntos de Washington. Es imposible que puedan cumplir, al mismo tiempo, con su agenda internacional, en general, y con la agenda México-Estados Unidos, en particular.

Nuestra relación con el vecino del norte requiere atención de 24 horas al día, no hay manera de que pueda uno, como embajador, quedarse desmarcado de ella. Por eso, debe haber una relación de gran confianza con el secretario de Relaciones Exteriores. De hecho, no es exagerado decir que, en el manejo de la relación, el embajador puede prescindir del canciller, pero el canciller no puede prescindir del embajador, porque la tarea es mucha para poder llevar exitosamente la relación con los Estados Unidos.

Yo creo que el canciller que reconozca este problema de la intensidad y del tiempo, y que tenga conciencia de las limitaciones en su agenda, procurará tener una buena relación con el embajador. Esa sería la forma correcta de hacerlo. Yo no tuve mucho problema y me movía con gran autonomía. Creo que he sido de los embajadores de México en Estados Unidos con más autonomía.

13.- La última pregunta que le he hecho a sus predecesores tiene que

ver con los futuros atributos de un embajador de México en Washington, comparados con las capacidades de su época, pero dado que "su época" es prácticamente la época actual, permítame modificar esta pregunta, aprovechando que usted ha sido el embajador que, en ejercicio de sus funciones, más ha viajado por el interior de nuestro país vecino. ¿Cómo percibe usted la relación entre la Embajada y los consulados mexicanos en Estados Unidos?

Se necesita que la Embajada y los consulados funcionen bien, administrativamente. Por su complejidad, requieren de un esquema de organización que permita que funcionen. Es como organizar un banco: para que camine correctamente, se requiere que las sucursales funcionen bien, claro, toda proporción guardada.

El embajador de México en Washington tiene que conocer bien a todos los cónsules y conocer bien sus principales problemas. Solo así puede trabajar con ellos en los asuntos de fondo que les toca resolver. De otra manera, el contacto se pierde.

Otro elemento fundamental tiene que ver con el mando. Recuerdo un día que me habló Manuel Tello, distinguido embajador de carrera y exsecretario de Relaciones, y me dijo, refiriéndose a la relación entre el embajador y los cónsules: "no se te olvide que tú eres el jefe". Y no se me olvidó: el mando hay que ejercerlo. Un embajador que no ejerce su autoridad sobre los cónsules está perdido. Claro que para eso es fundamental tener toda la confianza con el secretario y con el presidente, pues varios cónsules son política o personalmente muy allegados a ellos. Si un consulado no está dando resultados o está causando problemas, hay que buscar una solución o, en el peor de los escenarios, informar de ello al secretario o al presidente –según el caso- para que se tomen las medidas necesarias. Yo llegué a hacerlo en varias ocasiones.

Consideré tan importante la comunicación con los consulados, que designé a un funcionario de la Embajada para que se encargara exclusivamente de ser el enlace con todos ellos. Obvio es que el embajador no puede atender directamente, todos los días, a los más de 40 cónsules, por eso creo que fue una buena idea establecer el área de relaciones con los consulados.

FIN DE LA ENTREVISTA

Capítulo 12

Relaciones presidente-canciller-embajador: un triángulo difícil

Sean del periodo anterior al Tratado de Libre Comercio, o bien pertenecientes al grupo de "embajadores TLC", lo cierto es que todos los entrevistados refieren haber tenido una buena relación con el secretario de Relaciones Exteriores. Sería ingenuo pensar que, *on the record*, alguno de ellos estuviera dispuesto a señalar abiertamente sus diferencias con el canciller en turno. Son políticos que han cuidado siempre su imagen y sus relaciones personales, incluso las que tienen con exfuncionarios que, en su momento, fueron sus adversarios.

Como señalé en la introducción, no es mi propósito caer en la subjetividad de los rumores o en las opiniones personales que desvirtúan el análisis. Sin embargo, el estudio no estaría completo si se desconocieran el papel y la influencia del presidente y del canciller para el buen desempeño del embajador de México en Washington. Por ello, procedí a investigar elementos de esta relación triangular, en la que no todo ha sido "miel sobre hojuelas", debido a diversos factores políticos. El objetivo del análisis en este capítulo es el conjunto de esos factores políticos y no los problemas propios de las relaciones personales.

El cuadro presentado a continuación tiene el propósito de mostrar cómo se han insertado los distintos embajadores en el triángulo de poder que forman ellos con el presidente y el canciller. En la primera columna, se indica si el embajador, *antes* de su designación como tal, tenía o no una relación de amistad con el presidente. La segunda columna sintetiza cómo fue la relación de los embajadores con el o los secretarios de Relaciones Exteriores con quienes coincidieron en tiempo.

Las fuentes para este cuadro son, además de los diálogos sostenidos con los propios embajadores, una serie de pláticas con algunos funcionarios que trabajaron con ellos y con los secretarios de Relaciones Exteriores del periodo, sostenidas entre febrero y julio de 2001. Los referidos funcionarios prefirieron no ser mencionados por nombre./154

RELACIONES PRESIDENTE-CANCILLER-EMBAJADOR

EMBAJADOR	DECLARÓ AMISTAD CON EL PRESIDENTE ANTES DE SER EMBAJADOR	RELACIÓN CON LA CANCILLERÍA
Emilio O. Rabasa	NO	Cuidó las formas con el presidente Díaz Ordaz y el canciller Carrillo Flores, pero al funcionario al que, en los hechos, le reportaba Rabasa, era Luis Echeverría, presidente electo.
José Juan De Olloqui	NO	Buena relación con su amigo personal, Emilio O. Rabasa, no así con el siguiente canciller que le tocó, Alfonso García Robles, por la inexistencia de una amistad previa y por las percepciones públicas sobre el hecho de que De Olloqui podía llegar a ser titular de la Secretaría de Relaciones Exteriores.
Hugo B. Margáin	SI	Relación cordial e institucional con Jorge Castañeda. Tuvo abiertas diferencias con el canciller Santiago Roel, por la relación privilegiada de Margáin con el presidente López Portillo y porque Roel contrató, al margen de la Embajada, los servicios de cabilderos en Washington.

EMBAJADOR	DECLARÓ AMISTAD CON EL PRESIDENTE ANTES DE SER EMBAJADOR	RELACIÓN CON LA CANCILLERÍA
Bernardo Sepúlveda	SI	Excelente relación con su amigo de años, Jorge Castañeda, incentivada por la brevedad del mandato de Sepúlveda en Washington y por la percepción pública de que Sepúlveda sería, como lo fue, el canciller en el próximo sexenio.
Jorge Espinosa de los Reyes	SI	Compartía la amistad del presidente con el canciller Sepúlveda, a quien respetó y trató de manera muy cordial, incluso en los momentos en que el activismo del canciller mexicano en Centroamérica causó incomodidad en Washington.
Gustavo Petricioli	SI	Se esforzó por cuidar las formas en su relación directa con el secretario Fernando Solana, pero en gran medida delegó en su embajador alterno el trato cotidiano con la SRE. Percibió como sus jefes exclusivos al presidente Salinas y al jefe de la Oficina de la Presidencia, José Córdoba Montoya.

EMBAJADOR	DECLARÓ AMISTAD CON EL PRESIDENTE ANTES DE SER EMBAJADOR	RELACIÓN CON LA CANCILLERÍA
Jorge Montaño	SI	Cumplió formalmente todas las instrucciones procedentes de Tlatelolco, aunque su canal privilegiado y frecuente de comunicación con el Gobierno de México no fue el canciller, sino el presidente Salinas y José Córdoba, quienes le llamaban solicitándole gestiones prácticamente a diario. Como miembro de carrera del Servicio Exterior, tuvo comunicación con gran parte de la estructura de la Cancillería.
Jesús Silva Herzog	NO	Al principio, excelente relación con su discípulo de muchos años, el canciller José Ángel Gurría, lo que le ayudó a llegar a la Embajada en Washington. Posteriormente, las públicas diferencias que tuvo con el subsecretario del ramo, que condujeron a la renuncia del embajador, desgastaron su relación con el canciller.
Jesús Reyes Heroles	SI	Íntimo amigo del secretario de Relaciones Exteriores, José Ángel Gurría. Tuvo claras diferencias de criterio con la canciller que sustituyó a Gurría, Rosario Green, no así con el subsecretario del ramo, amigo cercano de Reyes Heroles, lo cual ayudó a no perder la relación cotidiana con la Secretaría de Relaciones Exteriores.

Como puede verse en la primera columna, la gran mayoría de los embajadores declaró amistad con el presidente desde antes de ser designados en Washington, lo cual evidencia un acceso directo al propio presidente. Ello no significa, sin embargo, que la no-amistad o falta de cercanía previa con el jefe del Ejecutivo hayan sido, necesariamente, sinónimo de desconfianza o de cierre automático de un canal de comunicación con la Presidencia de la República.

El resumen sobre las relaciones embajador-canciller, presentado en la segunda columna, muestra que, de una u otra manera, en forma explícita o implícita, la mayoría de los embajadores ha guardado su distancia con la Cancillería, ya sea privilegiando otros canales de interlocución –como la Presidencia- o bien enfrentando directamente diferencias de criterio con los titulares de Tlatelolco. Con todo, es pertinente señalar que la relación entre el canciller y el embajador no depende exclusivamente de los embajadores o de los cancilleres, pues en ella interviene también el estilo personal del presidente.

Mientras Echeverría era un hombre impulsivo, López Portillo y De la Madrid mostraron siempre una actitud más reflexiva en la relación con los Estados Unidos y en la cautela con la que debían girar sus instrucciones a sus colaboradores. Salinas, en cambio, llamaba con desmesurada frecuencia a sus embajadores en Washington –Petricioli y Montaño-, exigiendo que le reportaran, directamente, los resultados de alguna gestión. Ernesto Zedillo, por el contrario, muy de vez en cuando tomaba la red para llamarle a Silva Herzog y prefirió delegar prácticamente todo lo referente a los Estados Unidos en el canciller Ángel Gurría. Cuando cambia el escenario político y Rosario Green se convierte en secretaria de Relaciones Exteriores, Zedillo modifica su estrategia y se apoya más en su embajador en Estados Unidos, Jesús Reyes Heroles, con quien –a diferencia de Silva Herzog- le unía una relación amistosa de muchos años.

Cabe señalar que varios embajadores cultivaron relaciones amistosas con asesores presidenciales, lo cual facilitó su comunicación con la Presidencia. Por ejemplo, Jorge Espinosa de los Reyes mantuvo una excelente relación con Emilio Gamboa, secretario particular del presidente De la Madrid; mientras que Petricioli y Montaño fueron amigos cercanos del jefe de la Oficina de la Presidencia, José Córdoba. Reyes Heroles, por su parte, era considerado uno de los mejores amigos de José Luis Barros, jefe de asesores de Política Exterior e Interior del presidente Zedillo.

De esta mezcla de estilos presidenciales y vínculos personales resulta la relación entre el embajador de México y el canciller. Sin embargo, la figura del embajador "juega con ventaja", en el sentido de que puede desempeñar un papel conciliador entre los miembros del Gabinete. Él habla por separado con cada uno de los secretarios y eso le permite darse cuenta de las diferencias entre ellos. Por lo tanto, *puede* encontrar maneras de conciliar intereses. La frase, sobre este punto, del embajador Reyes Heroles, es reveladora: "...en el manejo de la relación (México-EUA), el embajador puede prescindir del canciller, pero el canciller no puede prescindir del embajador..."

Estamos, en efecto, ante una relación de poder triangular formada por el presidente de la República, el secretario de Relaciones Exteriores y el embajador de México en Estados Unidos. En dicha relación, en la que el estilo personal del presidente es difícil de modificar, el fiel de la balanza es el embajador y de él depende, en gran medida, la cordialidad y fluidez que se dé en la relación entre los principales miembros de este triángulo. La excepción a esta regla se produce cuando un presidente de la República tiene algún interés en obstaculizar la relación entre sus colaboradores. "En varias ocasiones" —me dijo *off the record* uno de los entrevistados en este estudio- "el presidente daba una orden al embajador, pidiendo expresamente que no se le informara de ello al secretario de Relaciones Exteriores". Así las cosas, la relevancia del estilo presidencial es determinante./155

La personalidad del embajador y su trayectoria política también han mostrado ser un factor de influencia en el triángulo que nos ocupa. Como se desprende del multicitado cuadro, los embajadores que llegan al cargo con una carrera política consolidada, como Hugo B. Margáin, Gustavo Petricioli y Jesús Silva Herzog, pueden permitirse enfrentamientos más directos que los embajadores a quienes aún les queda un buen trecho por recorrer en su trayectoria, como pudo ser el caso de Bernardo Sepúlveda, que fue canciller tras su paso por Washington, o bien de Jorge Montaño, de quien se habló insistentemente como seguro canciller si Luis Donaldo Colosio llegaba a la presidencia./156

En suma, para conocer mejor este difícil triángulo, es preciso considerar los intereses declarados —y los no declarados- del presidente para enfrentar a sus colaboradores y, al mismo tiempo, tomar en cuenta la sensibilidad y la prudencia del embajador de México en Washington para sortear los frentes de batalla abiertos en sus relaciones con el presidente, con el canciller y con los miembros del Gabinete mexicano en general. Es difícil, si no imposible, que un embajador modifique el estilo personal del jefe del Ejecutivo, pero como interlocutor de gran parte de los altos funcionarios mexicanos, está en posición de tejer redes de relaciones que le permitan "navegar" en las aguas políticas presidenciales, por más turbulentas que estas lleguen a ser.

Conclusiones

Con el fin de identificar la comprobación de la hipótesis sugerida al principio de este libro, las conclusiones presentadas a continuación siguen el mismo orden de las cinco variables que componen la referida hipótesis.

1.- Preparación

Ocho de los nueve embajadores del periodo analizado, proceden del sector bancario o financiero, la mayoría de ellos con experiencia en áreas económicas del gobierno a nivel subsecretario -o equivalente- o incluso superior: Margáin, Petricioli, Silva Herzog y Reyes Heroles fueron secretarios de Estado *antes* de ser embajadores. Sin embargo, este perfil no obedece a una exigencia técnica indispensable para desempeñar el puesto de embajador de México en Washington, sino a un factor de carácter político: en las últimas décadas del periodo que nos ocupa, el sector bancario-financiero fue parte fundamental de la élite del poder en México.

La excepción al perfil financiero, representada en este caso por el embajador Jorge Montaño, diplomático de carrera, quien estuvo en Washington en un momento crucial para las relaciones bilaterales —la aprobación del TLC- confirma que los conocimientos económico-financieros y la experiencia en este sector *per se* son insuficientes para desempeñar el cargo de embajador en los Estados Unidos. El consenso, mostrado por los nueve entrevistados, sobre las múltiples facetas de su trayectoria académica y laboral que les sirvieron para ejercer como embajadores y sobre la necesidad de relacionarse en Washington con una multiplicidad de actores políticos —no solo financieros-, indica la necesidad de un perfil multidisciplinario, enriquecido con una sensibilidad política importante, útil para identificar adecuadamente retos y oportunidades en todos los órdenes de la agenda bilateral. Destaca también que seis de los nueve representantes diplomáticos habían vivido en los Estados Unidos, lo cual indica un perfil de funcionarios conocedores de la sociedad y cultura norteamericanas.

2.- Designación

Para ser designado embajador de México en Washington, es necesario tener una amistad cercana con el presidente de la República, o bien ser recomendado a este por alguno de sus amigos cercanos. En todo caso, es indispensable un vínculo con el presidente. Seis de los nueve embajadores tenían amistad cercana previa con el titular del Ejecutivo y solo uno de los que no la tenía antes, la tuvo después (Emilio O. Rabasa).

La designación, por tanto, se explica por este criterio político específico y no por uno relacionado con necesidades "técnicas" o coyunturas en la relación con Estados Unidos, pues todos los embajadores proceden de altos niveles en el gobierno y han tenido una trayectoria suficiente para justificar públicamente su nombramiento. Los debates en el Senado mexicano durante las sesiones de ratificación de los nombramientos, o la opinión pública sobre su legitimidad no son materia de este libro. Sin embargo, puede afirmarse que las objeciones al nombramiento de los embajadores han obedecido más a posturas políticas generales que a cuestionamientos sobre las capacidades técnicas de los elegidos para ocupar nuestra Representación diplomática./157

3.- Misión

La forma en que los embajadores se refirieron a la misión que se les encargó, va desde la más absoluta franqueza política –"darme currículum", confiesa Emilio O. Rabasa- hasta la especificidad más puntual: lograr la aprobación del TLC, misión de Jorge Montaño. No obstante, se detectaron dos patrones relevantes. El primero, es una constante que evidencia la naturaleza conflictiva de las relaciones México-Estados Unidos: seis de los nueve embajadores entrevistados utilizan para describir su cometido, palabras que indican algún tipo de confrontación: "*defender* los intereses de México" (De Olloqui), "*recomponer* la relación bilateral" (Sepúlveda), "*mejorar* los términos de la relación" (Astié-Petricioli), "*hacer frente* a la crisis de 1994" (Silva Herzog), etcétera.

El segundo patrón tiene que ver con la especificidad de la misión. Jorge Montaño y Jesús Silva Herzog fueron los únicos que tuvieron una misión realmente específica. El primero, más que el segundo. Al resto de los embajadores se les encomendaron tareas muy generales, tal como corresponde a la amplitud y diversidad de la agenda bilateral. Aún así, llama la atención que los dos embajadores con misión más específica pertenecen al periodo del TLC, una época indiscutiblemente más atareada para un embajador que la etapa previa al acuerdo comercial. Por lo tanto, puede concluirse que la especificidad de la misión no ha influido claramente en la posición de los embajadores como piezas clave en el manejo de las relaciones bilaterales.

4.- Nivel de interlocución en Estados Unidos

Todos los embajadores mexicanos han buscado, por todos los medios a su alcance, relacionarse con el Gobierno de Estados Unidos al más alto nivel. En este intento, unos lo han logrado más que otros, debido a factores muy distintos entre sí: desde el momento particular por el cual atraviesa la relación bilateral, hasta razones de "química" personal.

El 100% de los embajadores tuvo acceso, cuando se requirió, al secretario de Estado norteamericano; muy pocos al presidente. De hecho, el primer embajador del periodo analizado que mantuvo una larga entrevista con el mandatario estadounidense fue Bernardo Sepúlveda. Posteriormente, fueron Petricioli y Montaño —embajadores durante la negociación y firma del TLC- quienes más acceso directo tuvieron al presidente y a la estructura de la Casa Blanca, aunque fue desde la época de Sepúlveda cuando el embajador de México comenzó a mantener, de manera sistemática, tratos con la burocracia de las oficinas presidenciales y con instancias distintas al Departamento de Estado./158

Por las razones expresadas en el capítulo 7, el nivel de interlocución de los embajadores anteriores al TLC, por alto o diverso que fuera, correspondió más bien a la cortesía diplomática que a un interés real de los actores políticos de Washington por conocer y relacionarse con el representante de México. En la era del TLC, por el contrario, se advierte un interés más concreto de ambos países para relacionarse entre sí. Por ejemplo, el incremento del narcotráfico y la violencia fronteriza como temas prioritarios en la agenda bilateral, ocasionó que el Departamento de Justicia y el Consejo de Seguridad Nacional se convirtieran en interlocutores cotidianos para los embajadores de nuestro país.

En el curso de las entrevistas, la mayoría de los embajadores dijeron haber contado con un interlocutor privilegiado en Washington, lo cual refleja la necesidad de tener un orientador político que dé consejos prácticos y abra puertas, cuyo acceso estaría denegado sin su intervención. Esto conduce a una inferencia poco grata para quienes declararon no tener un interlocutor privilegiado: quizás nunca pudieron abrir ciertas puertas del *establishment* de Washington y, peor aún, tal vez ni siquiera se percataron de ello.

Un último aspecto relacionado con el nivel de interlocución en Estados

Unidos es en qué medida dicho nivel fue facilitado por la intervención de cabilderos. A pesar de aisladas contrataciones de cabilderos antes del TLC, lo cierto es que el gran ascenso de estos servicios como asesoría permanente del embajador de México llega con Gustavo Petricioli y, desde entonces, no se retiró en ningún momento./159

En algunos casos, como el de Silva Herzog, la respuesta sobre el cabildeo fue tajante –"los manejaba SECOFI"- pero ello no quiere decir que el embajador no utilizara indirectamente sus servicios y la información proporcionada a las dependencias federales mexicanas. Un aspecto que destaca en este sentido entre el grupo de embajadores anterior al TLC, es el absoluto rechazo a la contratación de cabilderos en las Administraciones de Hugo B. Margáin y Jorge Espinosa de los Reyes.

5.-Nivel de interlocución en México

Desde el nombramiento del primer enviado extraordinario y ministro plenipotenciario del México independiente ante el Gobierno de los Estados Unidos, en 1822, puede decirse que todos nuestros representantes en el vecino del norte han sido figuras destacadas en el sistema político mexicano, incluyendo, por supuesto, los embajadores que aparecen en este libro.

El capítulo 12 da cuenta de la existencia de un triángulo de poder entre el presidente, el canciller y el embajador. En el periodo analizado, la mayoría de los embajadores reconoce la existencia de un canal directo de comunicación con el presidente de la República, cuyo estilo personal desempeña un papel fundamental en la orientación del trabajo del propio embajador. Los asuntos de la agenda México-Estados Unidos hacen que los canales de interlocución mexicanos para el embajador invariablemente sean del nivel más alto: secretarios de Estado, subsecretarios, directores generales de organismos descentralizados, etcétera.

También, casi todos los embajadores –aunque no siempre reconociéndolo abiertamente- han tenido mayores o menores diferencias con los secretarios de Relaciones Exteriores en turno, aunque no puede afirmarse que hay un conflicto institucional entre la Cancillería y la Embajada. Las diferencias que se detectaron respondieron más bien a situaciones políticas del momento y estilos personales.

Dentro del mencionado triángulo de poder, el titular de nuestra Representación diplomática en Washington se ubica en una posición estratégica, por dos razones principales. En primer lugar, porque el presidente de la República conduce directamente varios aspectos de la relación bilateral y ello dota al embajador de un papel de intermediación directa con la Presidencia. En segundo lugar, porque actualmente, la mayoría de los actores políticos relevantes de México tienen asuntos que desahogar en los Estados Unidos y ahí se ubica la ventana de oportunidad del embajador para tratar con ellos de manera cotidiana. En tercer lugar, el hecho de que el embajador se encuentre en un punto de covergencia como lo es Washington, le da márgenes de maniobra para ser un factor de consenso entre el presidente de la República, los miembros del Gabinete y los demás actores políticos de nuestro país. Su habilidad para ser un elemento de consenso, y no de antagonismo, se pone a prueba permanentemente.

Los problemas que casi todos los embajadores identifican como los más complicados con el Gobierno de México, tienen que ver con la coordinación institucional, los intereses encontrados entre dependencias federales y la carencia de una capacidad de respuesta rápida en muchas oficinas que tratan con la Embajada. Ante este panorama, los protagonistas de este análisis coincidieron en destacar una cualidad básica de quien ocupe el cargo de embajador ante los Estados Unidos: que cuente con la absoluta confianza del presidente de México y con el respeto de la mayoría de los altos funcionarios con quienes tiene que interactuar.

En suma, tras las variables analizadas, los comentarios introductorios a las entrevistas y las propias entrevistas, puede afirmarse que hemos llegado a la confirmación de la hipótesis. No obstante, esta serie de entrevistas y comentarios abordan una gran cantidad de aspectos con innumerables aristas por explorar. Ojalá que ello invite a los estudiosos de las relaciones México-Estados Unidos a profundizar sobre algunos de los temas que aquí han sido apenas esbozados.

NOTAS

INTRODUCCIÓN

1.-En este concepto utilizo los mismos elementos incluidos en la definición de "diplomacia" que proporciona el embajador mexicano Carlos de Icaza: "la diplomacia es el instrumento del Estado para diseñar, planear y ejecutar su política exterior". Cfr. Carlos de Icaza: *La diplomacia contemporánea*. Consejo Nacional para la Cultura y las Artes. México, 1999, p.4.

2.-Por "diplomacia clásica" entiendo el ejercicio de las funciones establecidas, en 1961, en la Convención de Viena sobre Relaciones Diplomáticas, que se sintetizan en: representación de un Estado, protección de sus intereses y de sus nacionales, negociación ante el Gobierno receptor, observación de los acontecimientos y fomento de relaciones amistosas, intercambios y cooperación. Cfr. Carlos de Icaza, *op. cit.* p. 17. No obstante lo anterior, es necesario señalar que el concepto de diplomacia ha evolucionado, sobre todo con la revolucion tecnológica (particularmente informática) de los ultimos años. Ver, por ejemplo, Robert Keohane y Joseph Nye: "Power and Interdependence in the Information Age", en *Foreign Affairs*, Sept-Oct. 1998, Vol. 77, Núm. 5. Por lo que se refiere a la importancia de los actores individuales en política internacional, sobre todo en la toma de decisiones, puede verse el libro clásico de Graham Allison: *Essence of Decision: Explaining the Cuban Missile Crisis*, Harper Collins Publishers, Cambridge, Mass., 1971 y, desde luego, Henry A. Kissinger: "Domestic Structure and Foreign Policy", en James A. Rosenau: *International Politics and Foreign Policy*. Free Press, New, York, N.Y., 1969, pp. 218-236.

3.-Esta afirmación es compartida por el historiador Jesús Velasco Márquez, quien reflexiona en torno a la idea en su ensayo "Cooperación y conflicto en las relaciones México-Estados Unidos; un enfoque histórico", así como por Olga Pellicer y Rafael Fernández de Castro (coords.) en *México y Estados Unidos; las rutas de la cooperación*. Instituto Matías Romero/ Instituto Tecnológico Autónomo de México (ITAM), México, 1998, p. 215.

4.-Uno de los trabajos más completos sobre la historia de las relaciones bilaterales, convertido ya en un clásico, es el de Josefina Zoraida Vázquez y Lorenzo Meyer: *México frente a Estados Unidos, un ensayo histórico 1776-1993*. Fondo de Cultura Económica, México, 1994.

5.-Secretaría de Relaciones Exteriores: *Política Exterior de México; 175 años de historia. México*, Talleres Gráficos de la Nación, 1985. Tomo I, p. 31.

6.-Ernesto de la Torre Villar, *La Labor Diplomática de Tadeo Ortiz*. México, SRE/ Colección del Archivo Histórico Diplomático, 1974. p. 40.

7.-*Idem.* pp. 23-24.

8.-Documento manuscrito de Agustín de Iturbide, otorgándole el nombramiento a José Manuel Zozaya, el 25 de septiembre de 1822. En el nombramiento, Iturbide refiere a su enviado la absoluta confianza que le tiene "por las pruevas (sic) que habéis dado de capacidad y zelo (sic) en el servicio de la Patria." Archivo Histórico de la Secretaría de Relaciones Exteriores, Legajo 5-15-8485: *Misión de José Manuel Zozaya,* 1822-1823, f. 9. Cfr. también Josefina Zoraida Vázquez: "México y el expansionismo norteamericano" en Senado de la República: *México y el mundo: historia de sus Relaciones Exteriores,* Tomo I, pp. 41-43, México, 2000. Igualmente, se consigna el nombramiento de Zozaya en Secretaría de Relaciones Exteriores: *Representantes diplomáticos de México en Washington, 1822-1973.* Colección del Archivo Histórico Diplomático Mexicano. México, 1974, pp. 9-12.

9.-A Juan N. Almonte le tocó informar sobre la anexión de Texas, aprobada por el Congreso norteamericano. En su informe manuscrito, de cuatro páginas, dirigido al ministro de Relaciones Exteriores y Gobernación, Almonte se refiere a la "Agregación de Texas" y comienza señalando: "Mis temores se han realizado." Cfr. Archivo Histórico de la Secretaría de Relaciones Exteriores, Legajo 1073: *Sucesos entre México y los Estados Unidos de América, 1845,* 28 de febrero de 1845, ff. 106-107.

10.-Cfr. Secretaría de Relaciones Exteriores: *Instituto Matías Romero; XXV Aniversario,* Talleres Gráficos de la Nación, México, 1999. pp.110-115. Véase también la excelente investigación documental realizada por María de la Luz Topete: *Labor diplomática de Matías Romero en Washington, 1861-1867.* Secretaría de Relaciones Exteriores, Colección del Archivo Histórico Diplomático Mexicano, México, 1976.

11.-La cifra de 150 conferencias comprende el período de septiembre de 1861 a octubre de 1867, Cfr. Ma de la Luz Topete, op. cit. p. 47.

12.-Taft recibió a De la Barra el 12 de agosto de 1910, por espacio de media hora y lo felicitó por la reelección de Díaz. La entrevista fue noticia en diarios como *The New York Times* y *The New York Herald.* Cfr. Archivo de la Embajada de México en los Estados Unidos de América (AMEUA), Legajo 345, Expediente 40, Archivo Histórico de la Secretaría de Relaciones Exteriores.

13.-Harry Thayer Mahoney y Marjorie Locke Mahoney: *El Espionaje en México en el Siglo XX.* Promexa, México, 2000. p. 40.

14.-Cfr. Archivo Histórico de la Secretaría de Relaciones Exteriores: *Expediente personal del Lic. Manuel Calero* 1908-1919 LE 394 (I y II).

15.-Idem. La frase está reproducida en Secretaría de Relaciones Exteriores: *Representantes diplomáticos de México en Washington, 1822-1973., op. cit.* p. 67. n. 35.

16.-*Idem*.

17.-En el Expediente personal de Eliseo Arredondo, Agente Confidencial de Venustiano Carranza que posteriormente fue nombrado embajador, pueden verse los telegramas cifrados previos a la transformación de la Agencia en Embajada. Desde el Palacio de Gobierno, en Saltillo, Carranza escribe al presidente Woodrow Wilson, el 8 de diciembre de 1915, una misiva con el fin de informarle del nombramiento de Arredondo como embajador en Estados Unidos. Cfr. *Expediente personal del Lic. Eliseo Arredondo*, Archivo Histórico de la Secretaría de Relaciones Exteriores, Expediente 1-6-2, años 1913-1921.

18.-*Expediente de Manuel C. Téllez*, Archivo Histórico de la Secretaría de Relaciones Exteriores. L-E 1158 (I y II).

19.-La salida de Téllez, decano del cuerpo diplomático en Washington, fue noticia en la prensa norteamericana, que reportó, al mismo tiempo, el nombramiento de Puig. Cfr. *Expediente personal de José Manuel Puig Casauranc*, 1931. Archivo Histórico de la Secretaría de Relaciones Exteriores LE 908. La fuente para la biografía de Puig es Humberto Musacchio: *Milenios de México*. Hoja, Casa Editorial, S.A. de C.V. México, 1999, tomo III, p. 2464.

20.-Secretaría de Relaciones Exteriores: *Secretarios y Encargados del Despacho de Relaciones Exteriores 1821-1973*. Colección del Archivo Histórico Diplomático Mexicano. México, 1974. Sobre el currículum de los embajadores, Cfr. Humberto Musacchio, op. cit.

21.-*Idem*.

22.-Jesús Velasco Márquez, *op. cit*. p. 225-232.

23.-Existen, desde luego, abundantes fuentes bibliográficas y hemerográficas sobre los asuntos de la agenda México-Estados Unidos —varias de ellas utilizadas en este libro- mas no sobre el papel específico de los embajadores como actores políticos. Por lo que se refiere a fuentes documentales, hay dos razones que explican su escasez. En primer lugar, los expedientes personales y los documentos de la Embajada están disponibles en el Archivo Histórico luego de 30 años de ser producidos, de conformidad con las políticas de archivo seguidas por la Secretaría de Relaciones Exteriores, que son las mismas adoptadas en el VI Congreso Internacional de Archivos, celebrado en Madrid, España, del 3 al 7 de septiembre de 1968. En segundo lugar, la modernización tecnológica en las últimas décadas, ha ocasionado que no quede rastro documental alguno de innumerables comunicaciones valiosas para los efectos de esta investigación. Lejos de hacerse manuscritas, ahora las comunicaciones políticamente relevantes se llevan a cabo personalmente, por la red telefónica o bien a través del correo electrónico.

24.-Secretaría de Relaciones Exteriores: *Representantes diplomáticos de México en Washington, 1822-1973.*, op. cit.

25.-Además del ya citado *Representantes diplomáticos de México en Washington, 1822-1973*, editado por la SRE como recopilación estadística auxiliar en investigaciones documentales, existe un artículo de James D. Cochrane: "embajadores norteamericanos en México y embajadores mexicanos en Estados Unidos: características de sus carreras y experiencia profesional", en *Foro Internacional*, vol. XXII, julio-septiembre de 1981, núm. 1, pp. 90-105. Se trata de un cruce estadístico de datos biográficos que cubre el período 1935-1979.

CAPÍTULO 1

26.-Las fuentes para los datos biográficos incluidos en los cuadros son Presidencia de la República, Unidad de la Crónica Presidencial: *Diccionario biográfico del gobierno mexicano*, Fondo de Cultura Económica, México, 1992, y Humberto Musacchio: *Milenios de México, op. cit.*

27.-Cuando el ex presidente Luis Echeverría, entrevistado por Jorge G. Castañeda en *La Herencia*, habla sobre las razones por las cuales su colega Antonio Ortiz Mena quedó descartado ante Díaz Ordaz como posible candidato a la presidencia, se refiere precisamente a que tan distinguido funcionario "sólo había estado inmerso en el mundo de las finanzas..." y la visión que requería un candidato presidencial era mucho más amplia. Esta es la misma lógica que utilizo en mi razonamiento. Cfr. Jorge G. Castañeda: *La herencia: arqueología de la sucesión presidencial en México* Ed. Extra Alfaguara, México, 1999, p. 45.

28.-Leopoldo Solís Manjarrez: *La realidad económica mexicana: retrovisión y perspectivas*. El Colegio Nacional/Fondo de Cultura Económica, México, 2000, especialmente capítulos X, XI y XII.

29.-El propio Luis Echeverría relata cómo, para darle a entender a López Portillo que él era el "tapado", lo fue conectando con otros sectores fuera de la Secretaría de Hacienda, lo que confirma la necesidad de contar con un perfil más allá de los conocimientos económicos, cuando se ocupa un cargo en el que se requiere una amplia visión política. Cfr. Jorge G. Castañeda, *op. cit.* p.83.

30.-Roderic A. Camp: "Camarillas in Mexican Politics. The Case of the Salinas Cabinet", *Mexican Studies*, vol. 6 No. 1 Winter, 1990, p. 94. La traducción al español es mía.

31.-*Idem.* p. 101.

32.-Otra fuente de interés sobre el papel creciente de los economistas o tecnócratas en los puestos públicos de alto nivel, a partir de 1970, es Juan D. Lindau:

Los tecnócratas y la élite gobernante mexicana. Joaquín Mortiz, México, 1992, especialmente el capítulo 5 (pp. 117-140).

33.-Fuentes: Secretaría de Relaciones Exteriores: *cancilleres de México*, Tomo II. México, Instituto Matías Romero de Estudios Diplomáticos, 1992; Archivo de la Dirección General del Servicio Exterior y de Personal, SRE; Sydney M. Milkis & Michael Nelson: *The American Presidency, Origins and Development, 1776-1990.* Ed. Congressional Quarterly, Washington, D.C., 1990, p. 403.

CAPÍTULO 2

34.-Secretaría de Relaciones Exteriores: *Representantes diplomáticos de México en Washington, 1822-1973.*, op. cCit. pp. 112-113.

35.-Los ejemplos señalados son enumerados como los puntos más relevantes en la diplomacia norteamericana por Charles W. Kegley, Jr. y Eugene R. Wittkopf: *American Foreign Policy: Pattern and Process.* St. Martin's Press, New York, 1991, p.605.

36.-Nixon estuvo en México, primero, el 8 de septiembre de 1969, en Ciudad Acuña y después, el 20 y 21 de agosto de 1970, en Puerto Vallarta, en visita oficial. Cfr. relación de visitas presidenciales al extranjero, página electrónica del Departamento de Estado de los Estados Unidos.

37.-Walter Astié Burgos: *El Águila Bicéfala: las relaciones México-Estados Unidos a través de la experiencia diplomática.* Ariel-Divulgación. México, 1995, p. 159.

38.-Rabasa se mantuvo muchos años dando conferencias y opiniones sobre las relaciones México-Estados Unidos y su experiencia como participante en la toma de decisiones en materia de política exterior. Cfr., por ejemplo, Aurelio Ramos: "México no lucha contra el narcotráfico para recibir premios o castigos: Emilio O. Rabasa", *Excélsior*, viernes 13 de diciembre de 1996; así como Franciso Reynoso y Gabriel Andrade: "Muñoz Ledo necesita que le pongan límites: Emilio O. Rabasa", *El Nacional*, domingo 17 de agosto de 1997.

39.-Entrevista realizada el 9 de abril de 2001, en su despacho de la Ciudad de México.

CAPÍTULO 3

40.-Mario Ojeda Gómez: *México: el surgimiento de una política exterior activa.* Secretaría de Educación Pública. México, 1986.

41.-Walter Astié: *El Águila Bicéfala*, op. cit. pp.165-168.

42.-*Idem.*

43.-*Idem.*

44.-Carlos Rico: "Hacia la globalización", en Senado de la República: *México y el mundo: historia de sus Relaciones Exteriores*, México, 2000, tomo VIII, p. 57.

45.-Entrevista con Luis Echeverría en su casa de la Ciudad de México, 10 de febrero de 2001.

46.-Entrevista realizada el 16 de febrero de 2001, en su domicilio de la Ciudad de México.

47.-José Juan de Olloqui: *La diplomacia total*, Fondo de Cultura Económica, México, 1994. De Olloqui es también autor de un libro que reúne las conferencias que pronunció entre 1971 y 1976, siendo embajador en Estados Unidos: *México fuera de México*, Universidad Nacional Autónoma de México, México, 1988.

CAPÍTULO 4

48.-Secretaría de Hacienda y Crédito Público: *Homenaje a Hugo B. Margáin*, sin fecha. Publicación de la Dirección General de Promoción Cultural y Acervo Patrimonial de la SHCP, que reúne los textos leídos en el Homenaje a Margáin celebrado el 10 de diciembre de 1997.

49.-Margáin, en efecto, fue maestro de muchas generaciones que luego se dedicaron al sector público. Impartió Historia de México en la Escuela Preparatoria del Centro Universitario México. Fue profesor – también de historia – en El Colegio de México y catedrático de Derecho Fiscal y de Derecho Constitucional en la UNAM. Cfr., Secretaría de Hacienda. *op. cit.* y Humberto Musacchio: *Milenios de México, op. cit.* Tomo II, p.1734.

50.-Secretaría de Hacienda y Crédito Público, *op. cit.* p. 53.

51.-*Idem.* p. 34.

52.-*Idem.* p. 42.

53.-Guillermo Prieto Fortún es quien más ampliamente se refiere al incidente. Cfr. Secretaría de Hacienda... *op. cit.* p. 64.

54.-José López Portillo relata en sus memorias varias ocasiones en las que el embajador en Washington, Hugo B. Margáin, lo fue a ver a Los Pinos. Una de ellas, el 27 de diciembre de 1977, con el objeto de hacerle reflexiones sobre las relaciones bilaterales con Estados Unidos. La conclusión del presidente tras su diálogo con Margáin no pudo ser más evidente: "Tal vez Roel se ha ido, con exceso de entusiasmo, por la vía de la relación personal, olvidando los viejos, experimentados, caminos tradicionales de la diplomacia y las posibilidades de la marrullería, en la que solemos ser especialistas los mexicanos. Como quiera que sea, tengo que revisar el esquema Roel". Cfr. José López Portillo: *Mis tiempos*, Fernández Editores. México, 1988. Tomo

I, pp. 667-668.

55.-Entrevista con Florencio Acosta, realizada el 26 de julio de 2001 en su domicilio de la Ciudad de México. Acosta fue, primero, representante del Instituto Mexicano de Comercio Exterior (IMCE) en Washington y luego, ministro para Asuntos Económicos, ambos cargos desempeñados durante la segunda gestión de Hugo B. Margáin como embajador.

56.-Rosario Green: "Estados Unidos frente a la crisis financiera mexicana", *en México-Estados Unidos*, 1983, El Colegio de México, México, 1984, p. 44.

57.-Robert A. Pastor: "The Carter Administration and Latin America: A Test of Principle", en John D. Martz (editor): *United States Policy in Latin America: a quarter century of crisis and challenge, 1961-1986*. University of Nebraska Press, 1988, p. 77.

58.-Carlos Rico: "Hacia la globalización", *op. cit.* pp. 79-85.

59.-Robert A. Pastor: *Whirlpool: U.S. Foreign Policy toward Latin America and the Caribbean*. Princeton University Press, Princeton, New Jersey, 1992, p. 51.

60.-Entrevista con Florencio Acosta, *op. cit.*

61.-Carlos Rico, *op. cit.* pp. 84-90. Cfr. también Mario Ojeda: "The future of Relations between Mexico and the United States", en Clark Reynolds y Carlos Tello (comps.): *U.S.-Mexico Relations: economic and social aspects*. Stanford University Press, Stanford, California, 1983, pp. 323-324.

62.-Estas fechas se refieren a la segunda ocasión en la que Margáin fue embajador en Washington, pues antes ya había ocupado el cargo, de enero de 1965 a agosto de 1970. Cfr. Secretaría de Relaciones Exteriores: *Representantes diplomáticos de México en Washington, op. cit.* pp. 111 y 112.

63.-Entrevista realizada el 8 de junio de 2001, en su oficina de la Secretaría de Relaciones Exteriores.

CAPÍTULO 5

64.-Basta ver algunos de los subtítulos que José López Portillo eligió para narrar este período en sus memorias: "Todo es problema", "Descubro a los falsos amigos", "Se complica Centroamérica", "Ya no soy la voz de la esperanza, sino la del tropiezo...", etc. Cfr. José López Portillo: *Mis tiempos, op. cit.* pp. 1185-1279.

65.-Enrique Berruga Filloy: "Bernardo Sepúlveda Amor", en Secretaría de Relaciones Exteriores: *Cancilleres de México. op. cit.*, p. 544.

66.-*Idem.*

67.-De este fortalecimiento hablan con amplitud, no sólo el propio Sepúlveda en su entrevista, sino también Walter Astié, páginas más adelante, durante el diálogo que tuvimos sobre el período de Gustavo Petricioli.

68.-Uno de sus discursos más recientes y más comentados sobre la política exterior de México, lo pronunció en septiembre de 2000. En esa intervención, Sepúlveda destaca la vinculación entre los asuntos domésticos del país y la política exterior y denuncia la gran cuenta pendiente de nuestra política comercial: el desarrollo regional y la justicia social. Cfr., Bernardo Sepúlveda: "México en el mundo del siglo XXI: nuevos elementos para una política exterior". Discurso pronunciado en la Universidad Iberoamericana, el 11 de septiembre de 2000.

69.-Walter Astié Burgos: "Memorias de la diplomacia mexicana" (entrevista con Bernardo Sepúlveda Amor, canciller de México, 1982-1988), *Revista Mexicana de Política Exterior*, Número 60, junio de 2000. pp.155-171.

70.-Entrevista realizada el 28 de mayo de 2001, en su despacho de la Ciudad de México.

CAPÍTULO 6

71.-Un recuento de este período en las relaciones con los Estados Unidos lo escribe Walter Astié-Burgos: *México y Estados Unidos: entre la Cooperación y el desacuerdo*. Siglo XXI Editores, México, 1998.

72.-El tema del narcotráfico en la relación bilateral alcanzó un punto de tal gravedad, que el embajador Espinosa de los Reyes acordó con el Procurador General de la República la designación de un funcionario de alto nivel para que abriera en Washington lo que hoy es la Agregaduría de la PGR en la Embajada. El nombramiento recayó en José Antonio González Fernández, un hábil político, que posteriormente ocuparía diversos cargos en el Gabinete mexicano. Cfr. Humberto Musacchio: *Milenios de México, op. cit.* p. 1158.

73.-Carlos Fazio: "La embestida de Washington, porque 'México se alinea con Nicaragua'. Se implicó a la familia de De la Madrid en el narcotráfico", *Proceso*, domingo 18 de mayo, 1986.

74.-*Idem.*

75.-Hubo ocasiones en que México presentaba, en una misma semana, hasta dos enérgicas notas diplomáticas de protesta. Cfr. Carlos Fazio: "Frente a la constante agresión estadounidense, México adopta la línea dura de la protesta diplomática", *Proceso*, 2 de noviembre de 1986. Otra de las más airadas notas de protesta la presentó Espinosa con motivo de las audiencias organizadas por el senador Jesse Helms, en mayo de 1986. Cfr. Carlos Fazio: "La embestida de Washington... *op.cit.*

76.-Carlos Rico: "Hacia la globalización", *op. cit.* pp. 162-164. Sobre las estrategias y cambios económicos en México en este período, Cfr. Fernando Clavijo (compilador): *Reformas económicas en México 1982-1999*, coedición de CEPAL, Fondo de Cultura Económica y Estrategia y Análisis Económico, Consultores. México, 2000.

77.-Este es el enfoque que adopta Francisco Gil Villegas: "Las relaciones México-Estados Unidos en 1988-1989: del conflicto a la cordialidad pragmática", en Lorenzo Meyer (compilador): *México-Estados Unidos 1988-1989*. El Colegio de México, México, 1990.

78.-Es bien conocida la animadversión de Washington hacia la política mexicana en Centroamérica en esos años. Por ejemplo, el periodista Bob Woodward refiere en *Las Guerras Secretas de la CIA*, al hablar sobre el Director de la CIA, William Casey: "Casey sabía que el presidente mexicano Miguel de la Madrid, era un fuerte dolor en el trasero para la Administración de Reagan." Citado en Walter Astié-Burgos, *México y Estados Unidos... op. cit.* p. 132.

79.-Esto lo reconoce el propio Sepúlveda en su entrevista, al hablar de su relación, como canciller, con el embajador de México en Estados Unidos.

80.-Una de las percepciones en este sentido la expresó Georges Fauriol, jefe de Estudios Latinoamericanos en el Centro de Estudios Estratégicos Internacionales (CSIS), quien describía así la influencia de México bajo el embajador Espinosa de los Reyes: "La Embajada de México no formaba parte del círculo"(...) "Si Washington quería que se hiciera algo, se comunicaban por teléfono con la Ciudad de México". Cfr. Rochelle L. Stanfield "So, that's how it works", en *National Journal*, 24 de junio de 1989, pp. 1621-1624.

81.-Cuando en 1984 se produjo un escándalo, en círculos del PRI, por la presencia del PAN en la Convención del Partido Republicano, Gavin contraatacó al propio PRI señalando que el embajador Espinosa "mi amigo", había estado presente en la Convención Demócrata. Cfr. Oscar Hinojosa: "El PRI se quedó callado ante el cargo de mentiroso que le hizo Gavin", *Proceso*, 9 de septiembre de 1984.

82.-Entrevista realizada el 15 de junio de 2001, en su domicilio de la Ciudad de México.

CAPÍTULO 7

83.-Francisco Gil Villegas: "Las relaciones México-Estados Unidos en 1988-1989..." *op. cit.*, p. 125.

84.-Sobre la nueva actitud, Cfr. Francisco Gil Villegas: "La nueva 'relación especial' de México y Estados Unidos durante 1990: cordialidad en medio de situaciones conflictivas", en Gustavo Vega (compilador): *México-Estados Unidos, 1990*. México.

El Colegio de México, 1992, pp. 21-53.

85.-Carlos Salinas de Gortari, *Tercer informe de gobierno*, 1° de noviembre de 1991.

86.-El capítulo 1 de las memorias de Salinas está dedicado a relatar los detalles de la reducción de la deuda. Cfr. Carlos Salinas de Gortari: México: un paso difícil a la modernidad. Plaza & Janés, México, año 2000. pp.9-37. Cfr. también Sydney Weintraub: *A Marriage of Convenience: Relations Between Mexico and the United States*, Oxford University Press, New York, 1990, p.149.

87.-El ex director general de Relaciones Económicas con Europa de la SRE, Mario Chacón, relata que "esta decisión se toma en un avión, en el aeropuerto de Londres, mientras está esperando el avión turno para despegar." (El presidente Salinas) "...venía de visitar Alemania y Bruselas y se había dado cuenta, en primer lugar, que en Alemania se había caído el muro de Berlín el 9 de noviembre de 1989 y que Europa estaría ocupada con sus vecinos, con Alemania Oriental. Por otro lado, sabía que Japón, quien había invertido en los años ochenta en México, acababa de experimentar un problema llamado 'burbuja financiera' (...) Salinas se da cuenta de esto y sabe que no habrá otra oportunidad de tener inversión y comercio más que aliarse con los norteamericanos". Cfr., versión estenográfica de la conferencia "El papel de la S.R.E. en las negociaciones comerciales", impartida por el Ministro Mario Chacón, en el *XIV Diplomado en Política Internacional* organizado por el Instituto Matías Romero de la S.R.E., 5 de abril de 2000.

88.-El propio Salinas lo reconoce en sus memorias. Cfr. Carlos Salinas de Gortari, México: un paso difícil... *op. cit.* p. 53.

89.-*Idem*. p. 59.

90.-*Idem*. p. 60.

91.-Un buen análisis teórico de los estudios sobre la relaciones gubernamentales México- Estados Unidos, en el que se mencionan múltiples autores y obras sobre el tema, lo hace Rafael Fernández de Castro: "Perspectivas teóricas en los estudios de la relación México-Estados Unidos: el caso de la cooperación intergubernamental", *en La Política Exterior de México: enfoques para su análisis*. Coedición de El Colegio de México y el Instituto Matías Romero de Estudios Diplomáticos, SRE México, 1997, pp. 45-67.

92.-José Luis Bernal: "El impacto institucional del Tratado de Libre Comercio de América del Norte", *Revista Mexicana de Política Exterior*, julio-septiembre de 1994, p. 49.

93.-El cabildeo de México logró constituirse en Washington como una auténtica fuerza política. Cfr. Todd A. Eisenstadt: "El ascenso del cabildeo mexicano en Washington: todavía más lejos de Dios y aún más cerca de Estados Unidos", en Rodolfo O. De la Garza y Jesús Velasco (compiladores): *México y su interacción con el sistema político estadounidense*. Centro de Investigación y Docencia Económicas (CIDE) y Grupo Editorial Miguel Ángel Porrúa, México, 2000. pp. 159-217.

94.-Lorenzo Meyer: "La crisis de la élite mexicana y su relación con Estados Unidos: raíces históricas del Tratado de Libre Comercio", en Gustavo Vega (compilador): *México-Estados Unidos, 1990... op. cit.* p. 73.

95.-A partir del TLC, se ha producido una abundancia de información sobre México en Estados Unidos, ya no sólo para temas sensacionalistas, como en su momento lo fueron la rebelión en Chiapas o los asesinatos políticos. Los medios estadounidenses han pasado de lo descriptivo a lo interpretativo. Cfr., por ejemplo, Rafael Laveaga: "Elecciones en la prensa de EU", *Uno más uno*, 19 de agosto de 1994, p. 24, en donde señalo que "...la prensa de EU ha cruzado la frontera del simple reportaje y se ha adentrado –a pasos agigantados- en el terreno de la opinión."

96.-Sobre las reformas electorales y la democratización en México durante este período, Cfr. Roderic A. Camp: *La política en México*. Siglo XXI Editores, 4ª edición actualizada, México, 2000, especialmente los capítulos 8 y 10. La primera edición de este libro, aparecida en 1993 bajo el sello de Oxford University Press, lleva por título *Politics in México: the Decline of Authoritarianism*.

97.-La expresión no es mía, sino del secretario de Relaciones Exteriores, Manuel Tello, utilizada en un discurso pronunciado en marzo de 1994, citado por José Luis Bernal, *op. cit.* p. 49.

98.-En el prefacio del libro de Clark Reynolds y Carlos Tello, *U.S.-Mexico Relations: Economic and Social Aspects, op. cit.*, se cuenta cómo surgió la idea de compilar esta publicación, desde 1979. Varios de los trabajos que componen la obra hablan de interdependencia e integración silenciosa. Cfr., en particular, el artículo del propio Clark Reynolds: "Mexican-U.S. Interdependence: Economic and Social Perspectives."

99.-Rafael Fernández de Castro: "La institucionalización de la relación intergubernamental: una forma de explicar la cooperación", en Mónica Verea, Rafael Fernández de Castro y Sydney Weintraub (coordinadores): *Nueva agenda bilateral en la relación México-Estados Unidos*. ITAM/UNAM/Fondo de Cultura Económica, México, 1998, pp. 57-75.

100.-Cfr. Jorge I. Domínguez y Rafael Fernández de Castro: *Between Partnership and Conflict: the U.S.* and Mexico, de próxima publicación en Routledge Press, New York, 2001. Sobre el tema de la multiplicación de agencias gubernamentales en una

Embajada, Cfr. también George Kennan: "Diplomacy without Diplomats?", en *Foreign Affairs*, vol. LXXVI, número 5, septiembre-octubre de 1997.

101.-El artículo 8 de la actual Ley del Servicio Exterior Mexicano designa como "personal asimilado" a los funcionarios y agregados de otras dependencias – distintas a la S.R.E. – que se encuentren acreditados en las embajadas y consulados. Dicho artículo establece la obligación para este personal de estar comisionado "bajo la autoridad del jefe de la misión diplomática o representación consular correspondiente, a quien deberá informar de sus actividades y atender las recomendaciones que formule sobre sus gestiones..." Cfr. Ley del Servicio Exterior Mexicano y su Reglamento.

102.-Jorge I. Domínguez y Rafael Fernández de Castro, *op. cit.*

103.-Entrevista personal con el Dr. Luis Carlos Ugalde, Coordinador de Asesores del embajador de México en Washington en el período 1997-2000, 7 de julio de 2001.

104.-Un buen análisis sobre el incremento de la atención de los medios norteamericanos hacia México lo hace Jaime Morfín: *La imagen de México en la prensa de los Estados Unidos, doce meses de la administración Salinas*. Tesis profesional. Facultad de Ciencias Políticas y Sociales, noviembre de 1992. Al justificar su trabajo, Morfín señala: "El éxito de nuestra política exterior hacia Estados Unidos depende, en mucho, de la imagen que logremos mantener en su prensa y de nuestra capacidad de establecer y seguir los parámetros de una estrategia de información mexicana para los Estados Unidos." (p.10)

105.-Entrevista personal con José Carreño Figueras, en Washington, D.C., 16 de abril de 2001.

106.-*Idem.*

107.-Entrevista personal con Dolia Estévez, en Washington, D.C., 17 de abril de 2001.

108.-*Idem.*

CAPÍTULO 8

109.-Carlos Puig: " 'Modernizar' es la divisa diplomática de Petricioli. Compra de casa y promoción de imagen, primeras acciones del embajador en Washington", *Proceso*, domingo 30 de julio de 1989.

110.-*Idem.*

111.-Una breve semblanza biográfica de Petricioli la realiza Miguel Pineda: "Gustavo Petricioli, promotor del sector financiero", *Crónica*, 16 de octubre de 1998.

112.-Elías Chávez: "Los presuntos, sus amigos y los amigos de estos. Con cautela, los políticos se alinean de aquí al destape", *Proceso*, 23 de noviembre de 1986.

113.-Carlos Salinas de Gortari, *México, un paso difícil. op. cit.* p.942.

114.-El término "compartamentalizar", utilizado para definir el enfoque bilateral de separar diferencias y coincidencias – al que ya me he referido en el capítulo anterior – se ha vuelto de uso frecuente. Cfr., por ejemplo, Víctor Arriaga: "El manejo de la relación con Estados Unidos, 1990-1994", en Senado de la República: *México y el mundo: historia de sus Relaciones Exteriores*, Tomo IX, p. 92.

115.-Supreme Court of the *United States, United States v. Humberto Alvarez Machain.* No. 91-712, 15 de junio de 1992.

116.-Lucía Luna: "Energía efímera: el gobierno suspendió las actividades de la DEA durante 24 horas" *Proceso*, 22 de junio de 1992.

117.-Sobre los temas bilaterales, Cfr. Víctor Arriaga, *op. cit.* pp. 95-101 y sobre los temas internacionales, ver Robert A. Pastor, Whirlpool. op. cit., especialmente el capítulo 5, sobre la administración Bush.

118.-Entrevista realizada el 26 de febrero de 2001, en su domicilio de la Ciudad de México.

119.-Walter Astié Burgos: *México en el siglo XXI: orden mundial y política exterior.* Impresores Aldina, S.A., México 2000 y, del mismo autor: "Perfil y formación del diplomático en el nuevo siglo", *Revista Mexicana de Política Exterior*, No. 60, junio de 2000, pp. 27-30.

120.-Walter Astié Burgos: *México en el siglo XXI. op. cit.*

121.-Walter Astié Burgos: *México y Estados Unidos: entre la Cooperación y el desacuerdo, op. cit.*

CAPÍTULO 9

122.-El reconocimiento al que me refiero se debe al éxito de las gestiones de Petricioli para superar, hombro con hombro, junto al Ejecutivo estadounidense, la primera prueba que enfrentó el TLC en los Estados Unidos: la aprobación, en mayo de 1991, del *fast track*, un mecanismo mediante el cual el Congreso norteamericano delega en el presidente la autoridad para negociar un acuerdo comercial. Una vez negociado, el congreso vota "sí o no" sobre el acuerdo y no tiene derecho a introducir enmiendas. Cfr., I.M. Destler: *American Trade Politics*. Institute for International Economics/The Twentieth Century Fund, Washington, D.C./New York, 1992, p.436.

123.-Horacio Labastida: "¿Por qué cayó Bush?", *La Jornada*, 6 de noviembre de 1992, p.8.

124.-Carlos Puig: "Petricioli, embajador político, deja el puesto a un embajador diplomático", *Proceso*, 29 de noviembre de 1992.

125.-Rafael Laveaga: "EU: ¿prensa zapatista?", *Uno más uno*, 25 de febrero de 1994, p.24.

126.-Cfr. Manuel García y Griego y Mónica Verea Campos: "Colaboración sin concordancia: la migración en la nueva agenda bilateral México-Estados Unidos", en Mónica Verea, Rafael Fernández de Castro y Sydney Weintraub (coordinadores): *Nueva agenda. op. cit.* pp. 107-134.

127.-Entrevista realizada el 27 de febrero de 2001, en su domicilio de la Ciudad de México.

CAPÍTULLO 10

128.-Un recuento de los errores que condujeron a la crisis de diciembre de 1994, lo hace Jorge G. Castañeda: *The Mexican shock: its meaning for the United States*, The New Press, New York, 1995, especialmente el capítulo 10, "The December Debacle", pp.177-207.

129.-Mario Ojeda Gómez: "Nuevas prioridades de la diplomacia mexicana", en Ilán Bizberg, (compilador): *México ante el fin de la Guerra Fría*. El Colegio de México, México, 1998, p.51.

130.-Citado por Nora Lustig: "Los Estados Unidos al rescate de México en crisis: ¿repetición de la historia?", en Mónica Verea, Rafael Fernández de Castro y Sydney Weintraub (coordinadores): *Nueva agenda bilateral, op. cit.* p.477.

131.-*Idem.* p. 479-481.

132.-Agencia *Notimex*: "Reintegrarse a la vida académica, interés inmediato de Silva Herzog", *El Nacional*, 16 de noviembre de 1997.

133.-Secretaría de Relaciones Exteriores: *Carta del embajador de México ante Estados Unidos, Jesús Silva Herzog, al Señor Robert Dole, Senador de los Estados Unidos*, 26 de febrero de 1996. Cfr. también "Críticas de Silva Herzog a congresistas de EU por ignorar la lucha mexicana antidrogas", *Excélsior*, viernes 28 de febrero de 1997.

134.-Dolia Estévez: " 'Constantine es un cretino', dice el embajador mexicano." *El Financiero*, 8 de julio de 1997.

135.-Miguel Ruiz Cabañas Izquierdo: "El combate contra el narcotráfico", *Revista Mexicana de Política Exterior*, Número 61, octubre de 2000, p. 229. La iniciativa del GCAN mitigó el enorme desgaste que produjeron, primero, el encarcelamiento del General Jesús Gutiérrez Rebollo, en febrero de 1997 –con Silva Herzog aún en Washington- y, después, la Operación Casablanca, cuyo desenlace fue anunciado por

Estados Unidos en mayo de 1998.

136.-Cfr., por ejemplo, José Manuel Nava: "Ofrece 'profunda disculpa' EU por violar la Convención de Viena en el caso Murphy", *Excélsior*, 19 de septiembre de 1997.

137.-Juan Rebolledo Gout: "En búsqueda de un entendimiento con Estados Unidos" *Revista Mexicana de Política Exterior*, Número 61, octubre de 2000, p. 23.

138.-Cfr. opiniones de Silva Herzog sobre la Ley Helms Burton en José Manuel Nava: "Drogas y migración dominarán la agenda México-EU: Silva H.", *Excélsior*, 12 de noviembre de 1996.

139.-Pascal Beltrán del Río: "Silva Herzog y el futuro: ¿Se ve como militante del PRD? 'Ahí diría: depende...' ", *Proceso*, 26 de octubre de 1997.

140.-Entrevista realizada el 7 de marzo de 2001, en su despacho de la Ciudad de México.

141.-Allan E. Gotlieb: *I'll be with you in a Minute, Mr. Ambassador. The Education of a Canadian Diplomat in Washington*, University of Toronto Press, Toronto, Canada, 1991.

CAPÍTULO 11

142.-Entrevista personal con el Dr. Luis Carlos Ugalde, coordinador de asesores del embajador de México en Washington en el período 1997-2000.

143.-José Luis Ruiz: "Propone Reyes Heroles ampliar papel del Congreso", *El Universal*, 30 de octubre de 1997.

144.-La fuente para las cifras de 1997 y 1998 es Miguel Ángel González Félix y Jorge Cicero Fernández: "La protección de los connacionales en el extranjero", *Revista Mexicana de Política Exterior*, No. 61, octubre de 2000, p.39 n.7. La fuente para la cifra del año 2000 es una entrevista personal con Hugo René Oliva, director de Protección de la Dirección General de Protección y Asuntos Consulares, SRE, 6 de julio de 2001.

145.-Wayne Cornelius: "Muerte en la frontera: la eficacia y las consecuencias 'involuntarias' de la política estadounidense de control de la inmigración, 1993-2000", *Este País*, número 119, febrero de 2001, pp. 2-18.

146.-Una descripción sobre la ideología humanitaria, pero restriccionista que la comisionada Meissner siempre ha tenido, desde el inicio de su carrera, la escribí en 1993. Cfr. Rafael Laveaga: "Meissner: cerrar la puerta, sin azotar", *Uno más uno*, 29 de octubre de 1993, p. 24.

147.-Miguel Ruiz Cabañas Izquierdo: "El combate contra el narcotráfico", op. cit.

148.-Notimex: "EU incumplió reglas diplomáticas básicas, acusa Jesús Reyes Heroles", *Crónica*, 22 de mayo de 1998.

149.-La desinformación a la Embajada es una afirmación atribuida a Reyes Heroles por José Manuel Nava en su nota periodística: "Malestar de México por el linchamiento de su imagen en EU", Excélsior, 4 de diciembre de 1999, p.1A.

150.-José Manuel Nava: "No planea EU 'incendiar la pradera' en la relación bilateral: JRH", *Excélsior*, 12 de abril de 2000, consultado el 28 de mayo de 2001.

151.-Juan Rebolledo, *op. cit.* p.28.

152.-*Idem.* p.16.

153.-Entrevista realizada el 31 de mayo de 2001, en su despacho de la Ciudad de México.

CAPÍTULO 12

154.-El universo para la realización de este libro son las opiniones de los embajadores. Sin embargo, como se apunta en la introducción, a fin de paliar el riesgo permanente de la subjetividad, procedí a utilizar fuentes alternativas que confirmaran y, en su caso, matizaran las referidas opiniones de los embajadores sobre un tema particularmente sensible, como lo es el tipo de relación que mantuvieron con el presidente y con el canciller en turno.

155.-En *El ejercicio de las facultades presidenciales*, Miguel de la Madrid dedica un capítulo a la conducción de las relaciones exteriores de México. Ahí describe la necesidad de coordinación entre sus colaboradores: "El presidente de la República tiene que realizar un esfuerzo permanente de coordinación para que las acciones de política exterior del Gobierno sean armónicas, consecuentes, y que no haya posiciones incoherentes o desorganizadas frente al exterior. Este riesgo es constante y solo se evita con la intervención también continua del presidente de la República para lograr las definiciones de política y la coordinación indispensable entre las diversas dependencias del Ejecutivo y la Secretaría de Relaciones Exteriores." Cfr. Miguel de la Madrid Hurtado: *El ejercicio de las facultades presidenciales*, Editorial Porrúa, México, 1998, p. 95.

156.-Entrevista personal con José Carreño Figueras, corresponsal de *El Universal* en Washington, D.C., 16 de abril de 2001.

CONCLUSIONES

157.-Dos ejemplos ilustran este punto. El nombramiento de Gustavo Petricioli fue objetado por los senadores del Frente Democrático Nacional, Ifigenia Martínez y Porfirio Muñoz Ledo, porque Petricioli, en su calidad de secretario de Hacienda, había aplicado políticas "contrarias a los intereses nacionales". Cfr. Pascal Beltrán del Río: "Ratificado por el Senado como embajador en Washington, 'por su gran preparación y capacidad' ", *Proceso*, 1° de enero de 1989. Años más tarde, el nombramiento de Jesús Reyes Heroles fue criticado por el panista José Ángel Conchello por tratarse del ex secretario de Energía encargado de "extranjerizar la llamada petroquímica básica", mas no por razones de su capacidad personal. Cfr. José Ángel Conchello: "Jesús Reyes Heroles González Garza en Washington: a completar la sumisión", ¡Siempre!, 23 de octubre de 1997.

158.-En los años sesenta, una relación personal muy conocida, pero fuera del período de estudio, es la que sostuvo el embajador mexicano Antonio Carrillo Flores, con el entonces presidente de los Estados Unidos Lyndon B. Johnson, quien acudió algunas veces a las recepciones organizadas por la Embajada.

159.-Cabe recordar que, en el pasado, durante el Gobierno de Porfirio Díaz, se llegó a contratar a cabilderos, entre los que destacó el ex representante en México de Estados Unidos durante el período revolucionario, John Foster, quien fue asesor jurídico de nuestra embajada.

Bibliografía

-Aguayo, Sergio et. al.: *México-Estados Unidos, 1983*, México, El Colegio de México, 1984.

-Allison, Graham: *Essence of Decision: Explaining the Cuban Missile Crisis*, Harper Collins Publisher, Cambridge, Mass., 1971.

-Astié Burgos, Walter: *El águila bicéfala: las relaciones México-Estados Unidos a través de la experiencia diplomática. Colección Ariel-Divulgación. Grupo Editorial Planeta, México, 1995.*

-Astié Burgos, Walter: *México en el siglo XXI: orden mundial y política exterior.* Impresores Aldina, S.A., México 2000.

-Astié Burgos, Walter: *México y Estados Unidos: entre la Cooperación y el Desacuerdo.* Siglo XXI Editores, México, 1998.

-Bueno, Gerardo (comp.): *México-Estados Unidos, 1986*, El Colegio de México, México, 1987, 264 pp.

-Bueno, Gerardo y Lorenzo Meyer (comps.): *México-Estados Unidos, 1987.* El Colegio de México. México, 1989. 213 pp.

-Camp, Roderic A.: "Camarillas in Mexican Politics. The Case of the Salinas Cabinet", *Mexican Studies*, vol. 6 No. 1 Winter, 1990.

-Camp, Roderic A.: *La política en México.* Siglo XXI Editores, 4ª edición actualizada, México, 2000.

-Castañeda, Jorge: "En busca de una posición ante Estados Unidos", *Lecturas de Política Exterior Mexicana.* El Colegio de México, México, 1979, pp. 351-368.

-Castañeda, Jorge G.: *La herencia: arqueología de la sucesión presidencial en México* Extra Alfaguara, México, 1999.

-Castañeda, Jorge G.: *The Mexican shock: its meaning for the United States*, The New Press, New York, 1995.

-Clavijo, Fernando (compilador): *Reformas económicas en México 1982-1999*, coedición de CEPAL, Fondo de Cultura Económica y Estrategia y Análisis Económico, Consultores. México, 2000.

-Cochrane, James, D.: "embajadores norteamericanos en México y embajadores mexicanos en Estados Unidos: características de sus carreras y experiencia profesional" *en Foro Internacional*, Vol. XXII, Número 1, julio-septiembre, 1981.

-De Icaza, Carlos: *La diplomacia contemporánea.* Consejo Nacional para la Cultura y las Artes. México, 1999.

-De la Garza, Rodolfo O. y Jesús Velasco (compiladores): *México y su interacción con el sistema político estadounidense.* Centro de Investigación y Docencia Económicas (CIDE) y Grupo Editorial Miguel Ángel Porrúa, México, 2000.

-De la Madrid Hurtado, Miguel: *El ejercicio de las facultades presidenciales*, Porrúa, México, 1998.

-De la Torre Villar, Ernesto: *La labor diplomática de Tadeo Ortiz*, SRE Colección del Archivo Histórico Diplomático, México, 1974.

-De Olloqui, José Juan: *La diplomacia total*, Fondo de Cultura Económica, México, 1994.

-De Olloqui, José Juan: *México fuera de México*, Universidad Nacional Autónoma de México, México, 1988.

-Destler, I.M.: *American Trade Politics*. Institute for International Economics/The Twentieth Century Fund, Washington, D.C./New York, 1992.

-Domínguez, Jorge I. y Rafael Fernández de Castro: *Between Partnership and Conflict: the U.S. and Mexico*, Routledge Press, New York, 2001.

-El Colegio de México: *México-Estados Unidos, 1983*, El Colegio de México, México, 1984.

-Fernández de Castro, Rafael: "Perspectivas teóricas en los estudios de la relación México-Estados Unidos: el caso de la cooperación intergubernamental" en *La Política Exterior de México: enfoques para su análisis*. El Colegio de México/Instituto Matías Romero de Estudios Diplomáticos. México, 1997. pp. 45-67.

-García y Griego, Manuel y Gustavo Vega (compiladores): *México-Estados Unidos, 1984*, México, El Colegio de México, 1985.

-Gómez-Robledo Verduzco, Alonso (compilador): *Relaciones México-Estados Unidos: una visión interdisciplinaria*, UNAM, México, 1981.

-Kaufman Purcell, Susan: "Mexico-U.S. relations: big initiatives can cause big problems", *Foreign Affairs* LX, núm. 2, invierno 1981-82.

-Kegley, Charles W. Jr. y Eugene R. Wittkopf: *American Foreign Policy: Pattern and Process*. St. Martin's Press, New York, 1991.

-Lindau, Juan D.: *Los tecnócratas y la élite gobernante mexicana*. Joaquín Mortiz, México, 1992.

-López Portillo, José: *Mis tiempos*. Fernández Editores. 2 vols. México, 1988.

-Mahoney, Harry Thayer y Marjorie Locke Mahoney: *El Espionaje en México en el Siglo XX*. Promexa, México, 2000.

-Marichal, Carlos: "La devaluación y la nueva crisis de la deuda externa mexicana de 1995-1996: la debilidad financiera del TLCAN" en Ilán Bizberg (compilador): *México ante el fin de la guerra fría*. El Colegio de México. México, 1998. pp. 235-269.

-Martz, John D. (editor): *United States Policy in Latin America: a quarter century of crisis and challenge, 1961-1986*. University of Nebraska Press, 1988.

-Meyer, Lorenzo (comp.): *México-Estados Unidos, 1982*, El Colegio de México, México, 1982.

-Meyer, Lorenzo (comp.): *México-Estados Unidos, 1988-1989*, El Colegio de México, México, 1990.

-Milkis, Sidney M. & Michael Nelson: *The American Presidency, Origins and Development, 1776-1990*. Congressional Quarterly, Washington, D.C., 1990.

-Morfín, Jaime: *La imagen de México en la prensa de los Estados Unidos, doce meses de la administración Salinas*. Tesis profesional. Facultad de Ciencias Políticas y Sociales, noviembre de 1992.

-Musacchio, Humberto: *Milenios de México*. Hoja, Casa Editorial. 3 vols. México, 1999.

-Ojeda Gómez, Mario: *Alcances y límites de la política exterior de México*. El Colegio de México. México, 1976.

-Ojeda Gómez, Mario: *México: el surgimiento de una política exterior activa*. SEP, México, 1986.

-Pastor, Robert A.: *Whirlpool: U.S. foreign policy toward Latin America and the Caribbean*. Princeton University Press. Princeton, New Jersey, 1992.

-Pastor, Robert A. y Jorge G. Castañeda: *Límites en la amistad: México y Estados Unidos*, México, Planeta-Joaquín Motriz, 1989.

-Pellicer, Olga: "Veinte años de política exterior mexicana: 1960-1980", *Foro Internacional* XXI, núm. 2, oct.-dic. de 1980, pp. 149-160.

-Pellicer, Olga y Rafael Fernández de Castro (coordinadores): *México y Estados Unidos; las rutas de la cooperación*. Instituto Matías Romero e Instituto Tecnológico Autónomo de México (ITAM), México, 1998.

-Presidencia de la República, Unidad de la Crónica Presidencial: *Diccionario biográfico del gobierno mexicano*, Fondo de Cultura Económica, México, 1992.

-Reynolds, Clark W. & Carlos Tello (editors.): *U.S.-Mexico relations: economic and social aspects*. Stanford University Press, Stanford, California, 1983.

-Rico, Carlos: "Hacia la globalización", en Senado de la República: *México y el mundo: historia de sus Relaciones Exteriores*, México, 2000, tomo VIII.

-Roett, Riordan (compilador): *México y Estados Unidos: el manejo de una relación*, Siglo XXI Editores, México, 1989.

-Rosenau, James A.: *International Politics and Foreign Policy*. Free Press, New York, N.Y., 1969.

-Salinas de Gortari, Carlos: *México: un paso difícil a la modernidad*. Plaza & Janés Editores, México, 2000.

-Secretaría de Hacienda y Crédito Público: *Homenaje a Hugo B. Margáin*, sin fecha. Publicación de la Dirección General de Promoción Cultural y Acervo Patrimonial de la SHCP, que reúne los textos leídos en el Homenaje a Hugo B. Margáin, celebrado el 10 de diciembre de 1997.

-Secretaría de Relaciones Exteriores: *Cancilleres de México*, 2 vols. Instituto Matías Romero de Estudios Diplomáticos, México, 1992.

-Secretaría de Relaciones Exteriores: *Instituto Matías Romero: XXV Aniversario*. Talleres Gráficos de la Nación. México, 1999.

-Secretaría de Relaciones Exteriores: "La Política Exterior de México 1994-2000", *Revista Mexicana de Política Exterior*, núm. 61, octubre de 2000.

-Secretaría de Relaciones Exteriores: *Política Exterior de México: 175 años de historia*. S.R.E., México, 1985, 4 vols.

-Secretaría de Relaciones Exteriores: *Representantes diplomáticos de México en Washington, 1822-1973*. Colección del Archivo Histórico Diplomático Mexicano. México, 1974.

-Secretaría de Relaciones Exteriores: *Secretarios y Encargados del Despacho de Relaciones Exteriores 1821-1973*. Colección del Archivo Histórico Diplomático Mexicano. México, 1974.

-Secretaría de Relaciones Exteriores: "Seis años de política exterior", *Revista Mexicana de Política Exterior*, núm. 44, otoño de 1994.

-Senado de la República: *México y el mundo: historia de sus Relaciones Exteriores*, 9 vols., México, 2000.

-Sepúlveda Amor, Bernardo: "Perspectivas de la relación entre México y Estados Unidos", en *Grandes Temas de Política Exterior*, Partido Revolucionario Institucional, Comisión de Asuntos Internacionales, México, F.C.E., 1983, pp. 308-310.

-Sepúlveda, César (compilador): *La política internacional de México en el decenio de los ochenta*. Fondo de Cultura Económica. México, 1994. 656 pp.

-Solís Manjarrez, Leopoldo: *La realidad económica mexicana: retrovisión y perspectivas*. El Colegio Nacional/Fondo de Cultura Económica, México, 2000.

-Székely, Gabriel (compilador): *México-Estados Unidos, 1985*. El Colegio de México, México, 1986.

-Topete, Ma. De la Luz: *Labor diplomática de Matías Romero en Washington, 1861-1867*. Secretaría de Relaciones Exteriores, Colección del Archivo Histórico Diplomático Mexicano, México, 1976.

-Vega Canovas, Gustavo (comp.): *México-Estados Unidos, 1990*. El Colegio de México, México, 1992.

-Verea Campos, Mónica, Rafael Fernández de Castro y Sydney Weintraub (coordinadores): *Nueva agenda bilateral en la relación México-Estados Unidos*. Instituto Tecnológico Autónomo de México, UNAM y Fondo de Cultura Económica. México, 1998.

-Weintraub, Sydney: *A Marriage of Convenience: Relations Between Mexico and the United States*. Oxford University Press. New York, 1990.

-Zabalgoitia Trejo, José Antonio: *La política exterior de México: dos intentos de activismo 1970-1982*. Tesis Profesional. El Colegio de México. México, 1986.

-Zoraida Vázquez, Josefina y Lorenzo Meyer: *México frente a Estados Unidos, un ensayo histórico 1776-1993*. Fondo de Cultura Económica, México 1994.

RAFAEL LAVEAGA RENDÓN
RESUMEN CURRICULAR

Nació en la Ciudad de México, en 1967. Ha desarrollado su carrera profesional en los ámbitos de política exterior, seguridad y comunicación social. Habla español, inglés y francés. Desde el año 2001, es miembro del Servicio Exterior Mexicano de carrera.

EDUCACIÓN

• Licenciado en Relaciones Internacionales, egresado de la Facultad de Ciencias Políticas y Sociales de la Universidad Nacional Autónoma de México (UNAM).

• Realizó estudios de posgrado en la School of International Service de American University, en Washington, D.C., y en el Instituto Matías Romero de la Secretaría de Relaciones Exteriores de México.

EXPERIENCIA LABORAL

• Jefe de la Sección Consular Embajada de México en Estados Unidos (desde 2017)

• Cónsul adscrito Consulado General de México en San Diego, California (2015-2017)

• Jefe de la Sección Política Embajada de México en España (2012-2015)

• Coordinador de asesores Subsecretaría para América Latina y el Caribe, Secretaría de Relaciones Exteriores (2010-2012)

• Director general adjunto, Dirección General de Protección y Asuntos Consulares, Secretaría de Relaciones Exteriores (2007-2010)

• Jefe de Prensa, Embajada de México en Estados Unidos (2004-2007)

• Enlace con la Cámara de Representantes, Embajada de México en Estados Unidos (2003-2004)

• Director para Asuntos Especiales, Dirección General para América del Norte,

Secretaría de Relaciones Exteriores (2001-2003)

• Agregado adjunto, Agregaduría de la Procuraduría General de la República para la Unión Europea y Suiza, con sede en Madrid, España (1997-2000)

• Secretario particular, Procuraduría General de Justicia del Distrito Federal (1996-1997)

- Secretario privado, Procuraduría General de Justicia del Distrito Federal (1995-1996)

- Secretario técnico, Comisión de Relaciones Exteriores, Cámara de Diputados, LV Legislatura (1991-1992)

- Secretario particular, Dirección General para América del Norte, Secretaría de Relaciones Exteriores (1990-1991)

- Jefe del Departamento de Asuntos Políticos, Dirección General para América del Norte, Secretaría de Relaciones Exteriores (1990)

- Analista, Dirección en Jefe para Asuntos Especiales, Secretaría de Relaciones Exteriores (1989)

EXPERIENCIA DOCENTE

- 1996-1997 Profesor titular de la asignatura "Política Exterior de Estados Unidos". Instituto Tecnológico Autónomo de México (ITAM).

- 1994-1995 Profesor titular de la asignatura "Problemas Políticos Mundiales". Facultad de Ciencias Políticas y Sociales. Universidad Nacional Autónoma de México (UNAM).

PUBLICACIONES

Desde 1989, ha publicado artículos, reseñas de libros y entrevistas en la Revista Mexicana de Política Exterior, Nexos y otras revistas especializadas. Entre sus artículos y capítulos de libros destacan:

- Columnista semanal, desde Washington, D.C., en la Sección Internacional del diario Uno más Uno (1993-1994).

- "Mantenerse a la vanguardia: desafío para los consulados de México en Estados Unidos", en La Diplomacia Consular Mexicana en Tiempos de Trump. Ed. Colegio de la Frontera Norte/Colegio de San Luis. México, 2018.

- "Los medios de comunicación en Estados Unidos: ¿Pilares de la democracia o del corporativismo?" en ¿Qué son los Estados Unidos? Fondo de Cultura Económica, México, 2008.

- "Mitos y realidades del Congreso estadounidense; una perspectiva mexicana", en Revista Mexicana de Política Exterior, Publicación cuatrimestral de la Secretaría de Relaciones Exteriores. Núm. 73, febrero de 2005, pp. 141-165.

- "La trata de personas: Nuevo desafío en el manejo de las relaciones México-

Estados Unidos" en: Secretaría de Relaciones Exteriores: Los retos para la política exterior de México en la actual coyuntura, edición del XXX aniversario del Instituto Matías Romero, México, 2004. pp. 193-223.

OTRAS ACTIVIDADES

• Certificado de Locutor, Categoría "A", otorgado por la Secretaría de Educación Pública, con el cual ha ejercido como locutor en documentales y spots publicitarios para la radio mexicana.

• Desde su cuenta de Twitter (@RafaelLaveagaR), difunde los múltiples aspectos del trabajo consular de México.